행복한 사람은
이렇게 삽니다

긍정 멘토 김나미 교수의 19가지 멘탈 피트니스 훈련
행복한 사람은 이렇게 삽니다

초판 1쇄 발행 2021년 5월 6일
초판 2쇄 발행 2021년 6월 14일

지은이 김나미

발행인 백유미 조영석

발행처 (주)라온아시아
주소 서울특별시 서초구 효령로 34길 4, 프린스효령빌딩 5F

등록 2016년 7월 5일 제 2016-000141호
전화 070-7600-8230 **팩스** 070-4754-2473

값 14,000원
ISBN 979-11-91283-38-9 (13190)

※ 라온북은 (주)라온아시아의 퍼스널 브랜드입니다.

행복한 사람은 이렇게 삽니다

긍정 멘토 김나미 교수의 19가지 멘탈 피트니스 훈련

Plus Life

김나미 지음

RAON BOOK

프롤로그

인생이 바뀌는 특수한 마음 안경

열두 살 소년 조너선 존슨은 선천적인 색각이상으로 색이 없는 세상을 살고 있었다. 그러던 어느 날 담임선생님으로부터 특수 안경을 선물로 받게 되었다. 그 안경을 쓰고 바라본 세상은 무미건조한 잿빛이 아닌, 형형색색의 찬란한 색의 향연으로 가득한 곳이었다. 존슨이 색의 향연으로 가득한 세상을 접하는 감동의 첫 순간이었다! 그는 처음에는 낯설어하더니 곧 엄지척을 하며 환한 미소를 보였고 연이어 조용히 눈물을 흘렸다.(신은정, 〈색맹소년이 특수안경쓰고 색깔 처음 본 순간〉, 국민일보, 2019.11.28.)

인터넷에 올라온 감동적인 이 동영상을 통해 다양한 색채의 향연을 즐길 수 있다는 것이 얼마나 큰 축복이며, 그렇지 못한 삶을 살아가는 것이 얼마나 쓰라린 아픔인지 알게 되었다. 그리고 존슨이 경험한 특수 안경이 얼마나 소중한 선물이 되었는지를 깊이 생각해보게 되었다.

이제 막 새봄이 시작되고 있다. 겨우내 잿빛 같이 어두웠던 산과 들이 형형색색 아름답고 밝은 색으로 물들어가며 색채의 향연이 풍성히 펼쳐지고 있다. 다양한 꽃들이 피어나고 연둣빛 여린 이파리가 검은 나무를 뚫고 수줍게 얼굴을 내밀며 생명의 신비로움과 아름다운 자태를 뽐내고 있다. 이처럼 삶은 무미건조한 단조로움이 아니라 다양한 컬러로 풍성하고 아름다운 조화로 찬란히 빛나고 있다.

지난 20여 년간 상담자와 교수로 살아오며 무미건조한 어두운 빛으로 가득한 색각이상의 마음들을 만나곤 했다. 그들을 상담하다 보면 마음의 색각이상을 자각하고 전혀 다른 세상을 보는 순간이 있다.

어느 날 우울증으로 고생하던 한 내담자가 상기된 얼굴로 상담실로 들어왔다. 그리고 건넨 첫 마디가 "선생님, 여기 오는 길에 파란 하늘이 너무 아름답게 다가와 참 행복하다는 생각이 들었어요"라고 했다. 내가 그 내담자를 만난 곳은 거의 사계절 내내 파랗고 높은 하늘을 볼 수 있는 미국 캘리포니아에서 살고 있을 때였다. 그녀의 눈앞에 늘 파란 하늘이 있었지만 마치 색각이상을 경험하듯 그녀는 그 아름다운 색을 지각하지 못했던 것이다.

나는 그녀를 통해 마음이 어두워지면 세상을 보는 눈이 달라진다는 것을 알게 되었다. 회색빛 세상을 살아가던 그녀는 상담의 조력을 통해 특수한 마음의 안경을 쓰기 시작했다. 그녀의 삶에 숨겨져 있던 다양한 색을 가진 삶의 의미를 발견해나가는 과정에 동행하며 마음 안경의 중요성을 깨닫게 되었다.

자신의 삶에 숨겨진 아름다운 빛깔을 볼 수 없는 사람들은 도움이 필요하다. 특수한 마음의 안경을 쓰고 마음의 시력을 조율하여 자신이 보지 못하고 경험하지 못했던 새로운 세상을 만날 수 있도록 돕는 도움이 절실하다.

이 책에서 소개하고 있는 플러스 라이프 프로그램은 세상을 어둡고 무채색과 같이 인식하는 상처 입은 마음을 교정하도록 돕는 '인생이 바뀌는 특수한 마음 안경'과 같은 프로그램이다. 이 프로그램은 삶의 부정적인 요인들에만 시선을 고정시키고 힘들어하며 자신들의 삶에 숨겨진 강점과 잠재 능력을 개발하는 것을 미루어왔던 사람들, 자기 삶에 관심을 갖지 못했던 사람들을 깨우고자 하는 목적으로 만들어졌다.

이 프로그램은 사람들이 삶의 마이너스 요인에 침몰되어 미처 보지 못했던 플러스 요인들을 찾아가는 과정을 안내하는 멘탈 피트니스 프로그램이다. 무미건조했던 삶이 아닌 형형색색 삶을 향유하길 바라는 마음을 담아 긴 시간 개발해왔다. 따라서 이 책에서 소개하는 내용들은 다년간 실제 현장에서 적용한 결과에 대한 보고서이자 그들의 행복을 검증한 과학적 연구 결과물에 대한 소개서이며, 상처 입은 사람을 세우기 위해 다년간 노력했던 나의 진심을 담은 책이다.

마음이 아픈 사람들을 만나는 시간들이 쌓여가며 내 마음에 품게 된 화두는 '마음이 건강한 사람은 어떤 모습이며, 그들은 어떤 과정을 통해 성장하는가'였다. 상담을 통해 회복되어가는 내담자들을 관찰하며 공통된 하나의 흐름을 포착했다. 가장 중요한 것은 그들의 마음에 온기가 채워지는 것이었다. 상담을 통해 그들의 삶에 숨겨진 사랑의 힘을 발견하게 하는 것이 가장 우선이었다. 있는 그대로의 자신도 사랑받기에 충분하다는 자각이 생길 때 우리의 마음은 성장하기 시작한다. 그 사랑의 힘이 성장의 에너지이자 촉진제가 된다.

일깨워진 사랑의 힘은 어두웠던 우리 마음에 비친 한 줄기 밝은 빛이 되어 내 마음 구석에 숨어 있던 강점과 잠재 능력을 볼 수 있게 도와준다. 우리 안에 있는 '긍정적인 나'를 발견하게 한다. 그리고 내 안에 있는 긍정을 발견한 사람은 나를 보는 긍정의 눈으로 다른 사람을 존중하게 된다.

분노와 미움의 대상이었던 이들의 숨겨진 강점과 잠재 능력이 보이기 시작하므로 상처 입고 뒤틀렸던 관계를 넘어 마음의 온기를 나눌 수 있는 '존중하는 너'를 실천하게 된다. 이렇게 개선된 관계는 이제는 혼자가 아닌 우리가 되어 '함께하는 우리'가 된다. 그들은 둘만 행복한 것이 아니라 주위 사람들과 함께 행복한 방법들을 찾아 공동체의 행복과 유익을 추구하는 방향으로 성장해나간다. 그리고 이런 성장은 나선형의 구조를 갖고 있어 공동체에 기여하는 긍정적인 자아정체감을 더 깊이 있게 확대시켜나간다.

이 책은 총 4장으로 이루어져 있다. 1장에서는 플러스 라이프 프로그램의 개요와 필요성을 설명했고, 2장부터 4장까지는 플러스 라이프 프로그램의 실제적인 훈련을 다루고 있다. 첫 번째 영역인 '긍정적인 나'를 위한 훈련들은 내 안의 긍정을 발견하게 돕는다. 두 번째 영역인 '존중하는 너'가 되기 위한 훈련은 관계를 향상하는 방법을 알려준다. 마지막 영역인 '함께하는 우리'가 되기 위한 훈련은 확대된 세상과 연결되어 의미 있는 삶을 살아가도록 돕는다.

이 훈련들은 형식적인 지식인 '행복의 기술'을 이론적으로 알아가는 데 그치는 것이 아니라, 매일의 삶의 작은 실천을 통해 나만의 행복 지침으로 승화시켜나가는 데 의의를 두고 있다. 행복은 청사진이 아니라 레시피임을 기억하자.

다년간 다양한 사람들과 플러스 라이프 프로그램을 진행하며 깨닫게 된 한 가지는 이 프로그램은 구체적인 실천을 위해 과제를 수행하고, 혼자가 아니라 다른 사람과 함께하며 피드백을 받아 자신의 삶에 적용할 수 있는 나만의 작은 습관들로 만들어갈 때 효과가 있는 멘탈 피트니스 프로그램이라는 것이다. 헬스장에 가서 우리 몸을 단련하듯 우리 마음도 매일 꾸준히 실천하는 훈련을 통해 마음의 근육이 생기고 튼튼해져 간다는 사실을 꼭 기억해야 한다.

얼마 전 남산을 산책하다 화사한 벚꽃을 가만히 들여다보며 문득 한 생각이 떠올랐다. '이 여린 꽃잎은 추운 겨울 동안 어디 숨어 있다가 이제야 우리를 찾아왔을까?' 태양의 온기를 품은 봄이 다가오면 겨우내 얼었던 대지가 녹기 시작한다. 그들이 품어내는 온기를 받아들인 검은 나무들이 자신이 품고 있던 생명의 다양한 색깔을 하나씩 드러내며 찬란하게 생명을 발산한 결과가 이 봄의 아름다움의 실체라는 생각이 들었다. 봄에 피어나는 꽃과 연둣빛 이파리는 온기가 채워지길 기다리며 겨울 동안 나무가 소중히 품고 있던 존재들이다.

그 꽃들을 오래 지켜보면서 내가 쓰고 있는 이 책에 대한 한 소망이 떠올랐다. 이 책은 독자들의 마음을 온기로 가득 채우는 책이 되었으면 좋겠다. 마음의 온기를 찾아주는 특수한 마음의 안경이 이 책을 읽는 독자들의 마음을 따뜻하게 덥혀주어 얼었던 마음이 녹고 새봄과 같이 되어 형형색색 삶의 다양한 기쁨과 행복을 발견할 수 있게 되길 간절히 바라는 마음이다.

마이너스 삶을 플러스로 만드는 삶의 플러스!
행복한 관계를 더해가는 삶의 플러스!
인생의 목적과 최고의 모습을 추구하는 삶의 플러스!

이 플러스 라이프 프로그램이 기쁨과 행복의 라이프스타일을 창조해나가길 바라는 독자들에게 꼭 필요한 생필품과 같은 선물이 되길 간절히 바라는 마음이다!

한 줄의 심리학이라도 사람들의 삶을 행복하게 물들이는 데
쓰일 수 있길 간절히 희망하는 김나미

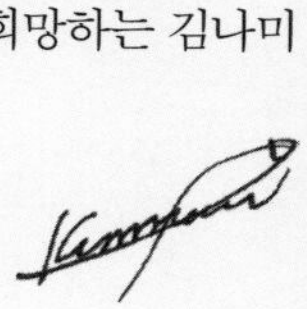

차 례

2장

'긍정적인 나' 되기

3장

'존중하는 너' 되기

4장
'함께하는 우리' 되기

1장

플러스 라이프를 향한 시작

Plus Life

마음의 힘

마음 사용설명서가 필요하다

사용설명서는 친밀한 생활 용어다. 새로운 물건을 사면 같이 딸려 오는 사용설명서는 그 물건을 어떻게 사용하는 것이 가장 적절한지를 알려주는 유용한 도구다. 얼마 전 남편이 생일 선물로 사준 고가의 헤어 기기 때문에 사용설명서의 중요성을 깨닫게 되었다. 우아한 헤어스타일을 연출할 수 있도록 도와주는 기기라 너무 마음에 들어 매일 아침 열심히 사용하고 있었다.

그러던 어느 날 아침, 산 지 몇 달도 안 되었는데 아무리 스위치를 눌러도 작동되지 않았다. 처음에는 당황스러운 마음과 함께 서비스 센터에 가지고 가봐야겠다는 생각이 들었다. 하지만 서비스 센터를 방문할 시간적 여유가 없었고, 그동안 사용할 수 없다는 생각에 마음이 불편해졌다. 그 순간 제품과 같이 들어 있던 사용설명서가 떠올랐다. 사용설명서를 찾아 읽어보니 통풍구에 먼지가 끼면 작동되지 않을 수 있다는 것을 알게 되었다. 기기의 먼지를 청소했더니 멀쩡하게 잘 작동되어 사용설명서의 유익함을 제대로 확인했다.

새것처럼 돌아온 기기를 사용하면서 내가 상담하는 내담자들이 불현듯 떠올랐다. 마음에 문제가 생겼을 때도 이런 마음 사용설명서가 있다면 큰 도움이 될 거라는 생각이 들었다. 마음 사용설명서에서 우리가 꼭 알아야 할 내용이 있다면 무엇일까? 먼저 마음의 힘을 인식하는 것이 그 첫걸음이라고 생각한다. 그러나 우리는 마음의 힘이 얼마나 큰지 잘 모르고 있는 것 같다. 우리의 마음은 삶을 어디까지 바꿀 수 있을까? 실제 진행된 몇 가지 연구들을 통해 마음의 힘의 크기를 확인해보자.

마음의 힘을 실험하다

2016년 글로벌 인재 포럼에서 기조 연설자로 나섰던 하버드대학교 엘렌 랭어(Ellen Langer) 교수의 강연은 눈을 뗄 수 없을 정도의 명강연이었다. 내가 생각했던 길을 먼저 더 멋지게 걸어가고 있는 '마음' 연구의 선구자인 그녀의 연구 이야기를 놓치고 싶지 않아 2박 3일의 프로그램에서 그녀가 진행하는 모든 강연을 찾아가서 들었다.

'마음의 힘'이 얼마나 큰지 알아보기 위해 엘렌 랭어 교수가 실시했던 다양한 연구들은 생각하는 것보다 마음의 힘이 훨씬 더 크다는 사실을 내 머릿속에 확실히 각인시켜주었다. 여러 이야기들 중 단연 으뜸인 실험은 '시계 거꾸로 돌리기'였다. (엘렌 랭어, 《마음의 시계》, 사이언스북스, 2011)

이 실험은 75~80세 노인을 대상으로 그들이 50대 후반일 때의 생활환경으로 돌아가 당시처럼 생활한다면 어떤 일이 벌어질까 하는 상상력에서 출발했다. 1979년 랭어 박사는 실험을 위해 미국 오하이오주의 한 지역신문에 "무료한 일상 탈출, 활기찬 노년"이라는 광고를 실었다.

모집 대상은 '70대 후반에서 80대 초반의 남성'이었는데, 이들은 6박 7일 동안 여행하면서 추억에 대해 심오한 토론을 하는 일에 참여할 예정이었다. 모든 여행 경비는 무료이며 오히려 소정의 활동비가 지급된다는 매력적인 광고였다. 많은 지원자들이 몰렸고 3차에 걸쳐 8명의 노인들이 최종 선발되었다. 그들은 서 있는 것조차 힘들어 보이는 얼굴에 검버섯이 가득한 노인들이었다.

실험 참가자들은 그들이 20년 전에 살았던 1959년의 생활환경 속에서 살게 되었다. 그들은 50대 후반에 살았던 환경대로 꾸며진 집에서 당시에 흘러나왔던 방송을 듣고, 당시에 썼던 물건을 사용하며 일주일을 지냈다. 가족이나 간병인의 도움 없이 무엇을 먹을 것인지를 스스로 결정하는 것부터 요리와 설거지, 청소 등 육체적 활동까지 직접 하며 일상생활을 보낸 참가자들에게는 어떤 변화가 일어났을까?

연구에 참가한 노인들은 처음에는 1959년으로 돌아가서 사는 것을 어색해하고, 집안일을 하는 것에 난색을 표했지만, 차츰 1959년의 일상을 자연스럽게 재연했다. 다른 사람의 도움 없이 스스로 끼니를 해결하고 치웠으며, 청소와 쓰레기 버리기 등 아주 일상적이고 기초적인 일들을 혼자 힘으로 해냈다. 이렇게 일주일을 보낸 그들에게 과연 어떤 변화가 일어났을까?

1959년의 세상으로 돌아가 20년 젊어진 생활을 실천한 참가자들은 놀랍게도 단 일주일 만에 신체 나이를 20세 거슬러 올라가 시력과 청력, 기억력이 향상되고, 체중이 평균 1.5킬로그램 늘어났으며, 악력도 현저히 향상되는 결과를 보여주었다. 누군가의 부축 없이는 걸음을 내딛기도 힘들었던 한 노인은 지팡이를 집어던지고 꼿꼿한 자세로 걷기 시작했으며, 또 다른 노인은 연구원들의 미식축구 경기에 동참하기도 했다. 일주일 전과 후의 노인들 사진을 무작위로 제삼자에게 보여주자 모두가 일주일 후의 사진을 더 젊은 시절의 모습이라고 말했다.

EBS 다큐 프라임의 국내 최초 건강 심리 실험 보고서 《황혼의 반란》(EBS 황혼의 반란 제작진, 비타북스, 2014)은 '한국판 시계 거꾸로 돌리기 실험' 이야기를 담아낸 책이다. 평균 나이 82.6세의 남녀 노인 5명이 30년 전인 1982년으로 돌아가 7일간의 시간 여행을 하는 기록을 담았다. 실험 결과 노인들은 단 7일 만에 젊어져 지켜본 모든 사람들이 놀라움을 자아냈다. 몸이 건강해지고 더 활발하게 움직일 수 있게 되었고, 언어 능력도 향상되었으며, 우울증도 좋아지고, 무엇보다 새로운 도전을 할 수 있는 전혀 다른 사람들이 되어 돌아왔다.

동서양에서 진행된 동일한 실험들은 무기력하기만 한 현재의 삶을 살아가던 노인들이 낯선 이들과 함께 일상의 사소한 일부터 삶을 결정하는 큰일에 이르기까지 스스로 선택하고 책임졌던 과거의 젊은 시절로 돌아가서 일주일을 보낸 결과였다. 엘렌 랭어 교수는 자신의 책 《마음챙김》(더퀘스트, 2015)을 통해 실험에서 공통적으로 나타나는 이런 현상들을 지적하며 우리를 틀에 가두는 것은 신체가 아니라 신체에 한계가 있다고 믿는 스스로의 사고방식임을 강조하며, 마음이 바뀌면 몸도 바뀔 수 있다는 중요한 사실을 우리에게 알려주었다.

마음이 바뀌면 몸도 변한다

엘렌 랭어 교수가 진행한 또 하나의 놀라운 연구가 있다. 그녀의 제자이자 유명한 연구자인 앨리아 크럼(Alia Crum)과 함께 진행한 〈사람의 사고방식이 건강과 운동의 관계에 미치는 영향〉(Alia J. Crum & Ellen J. langer, 'Mind-set Matters', 2007)에 대한 연구다. 이 연구팀은 연구를 위해 미국의 7개 호텔에서 객실 청소부 84명을 모집하였다. 객실 청소는 운동으로 치면 역도나 수중발레, 시속 5~6킬로미터를 걷는 것과 맞먹는 시간당 300칼로리가 소모되는 무척 고생스러운 일이다. 사전 인터뷰에서 객실 청소부들의 운동 정도를 측정했다. 그들 가운데 3분의 2는 규칙적인 운동을 한다고 여기지 않았고, 나머지 3분의 1은 운동을 전혀 하지 않는다고 대답했다. 이런 인식은 그들의 신체에 고스란히 반영되었다. 연구 참여자들의 평균 혈압과 허리-엉덩이 비율 및 체중은 사무 업무를 주로 하는 사람들에게서 나오는 수치와 유사했다.

연구가 시작되면서 크럼 박사는 객실 청소의 각 활동이 몇 칼로리를 소모하는지를 표시하고, 어떻게 운동으로 간주할 수 있는지를 설명하는 포스터를 만들었다. 그들이 하는 일은 하루 권장 운동량을 충족하고 있으며 활동적인 생활이 건강에 도움이 될 것이라는 문구가 포함된 포스터를 휴게실에 붙여놓았다. 또한 4개 호텔의 실험집단 참가자들에게 이 정보를 알려주는 15분짜리 동영상 프레젠테이션도 함께 실시했다. 반대로 통제집단인 3개 호텔의 객실 청소부들에게는 아무런 정보도 제공하지 않았다.

4주가 흐른 뒤 연구팀은 실험집단의 객실 청소부들에게 연락해 이 실험이 그들에게 미친 영향을 검증했다. 이들 중 자신의 업무가 운동이라는 정보를 들은 참가자들은 체중과 체지방이 줄어들고 혈압이 내려갔으며 일에 대한 만족도가 오르는 등 여러 가지 긍정적인 변화를 보였다.

이와 달리 아무런 조치를 취하지 않았던 통제집단에서는 이런 변화가 일어나지 않았다. 실험에 참가하여 변화를 경험한 사람들은 호텔 밖에서 하는 행동에는 어떤 변화도 없었음에도 불구하고 신체에 일어난 다양한 변화들과 일에 대한 인식의 변화가 놀라웠다고 고백했다.

이 실험의 결과로 나타난, 운동에 대한 인식의 전환이 가져온 다양한 신체적, 정신적 변화는 마음이 할 수 있는 일이 얼마나 큰지를 구체적으로 보여주고 있다.

생각의 변화가 먼저다

스탠퍼드대학교의 심리학자 켈리 맥고니걸(Kelly McGonigal)은《스트레스의 힘》(21세기북스, 2015)에서 사고방식의 효과를 자세히 설명하고 있다. 건강심리학자인 그녀는 다른 사람들과 마찬가지로 스트레스의 부정적인 효과에 대해 확신을 가지고 있었다. 하지만 스트레스에 대한 사람들의 사고방식을 살펴본 한 연구를 통해 자신이 얼마나 잘못 생각하고 있었는지를 깨달았다고 고백했다.

2만 9천 명을 대상으로 진행된 스트레스 연구에서는 참가자들에게 전년도에 경험한 스트레스 강도와 스트레스가 건강에 얼마나 영향을 주었는지 '적다, 중간이다, 많다' 세 단계로 평가해달라고 요청했다. 8년 동안 참가자들을 추적 관찰한 결과 스트레스를 많이 받았고 스트레스가 건강에 부정적인 영향을 미쳤다고 생각한 사람의 사망률이 그렇지 않은 사람에 비해 43퍼센트 높다는 것을 발견했다. 즉 실제 스트레스 지수보다 '이것이 악영향을 준다는 생각'이 사람들의 사망 위험률에 더 치명적인 영향을 끼친다는 것이다.

맥고니걸 교수는 충격적인 이 연구 결과를 '사고방식의 효과'라고 설명했다. 사고방식이란 세상을 바라보는 나만의 고유한 생각, 감정, 행동양식이라 할 수 있다. 사람들은 경험을 바탕으로 자신만의 사고방식을 발달시킨다.

따라서 비슷한 상황이 생기면 이 사고방식이 다시 작동되는 것이다. 우리가 늘 같은 함정에 빠지는 이유가 바로 여기에 있다. 우리는 환경이 바뀌어야 삶이 변화한다고 생각하지만 사고방식의 과학은 우리가 잘못 생각하고 있다고 지적한다. 생각의 변화가 먼저다. 생각이 바뀌면 삶이 변한다.

마음의 힘에 대한 나의 착각이 무너지다

마크 트웨인(Mark Twain)은 "곤경에 빠지는 것은 뭔가를 몰라서가 아니다. 뭔가를 확실히 안다는 착각 때문이다"라고 했다. 지난 20년간 나는 내담자들과 상담을 하고 학생들을 가르치면서 마크 트웨인의 가르침을 몸으로 체득했다. 나는 마음의 힘의 크기에 대해 착각하고 있었다. 마음의 영향력은 인정했지만 그 크기를 축소해서 인식하고 있었던 것이다.

대학교에서 매 학기 긍정심리학 강의를 진행하면서 마음의 힘을 키우는 '플러스 라이프 프로그램'을 학생들과 함께 적용해보면서 받은 피드백은 예상했던 것보다 더 놀라웠다. 그리고 대상을 바꾸어 성인들과 병원의 환자들에게 적용하고, 외국에서 적용한 후에 내가 받은 피드백도 나의 예상을 벗어났다. 마음의 힘의 크기는 내가 생각했던 것보다 훨씬 더 컸다.

앞으로 나는 이 소중한 착각을 널리 전하는 일에 최선을 다하는 삶을 살고 싶다. 그래서 변화 가능한 마음을 움직임으로써 사람들이 한 단계 더 나은 삶을 영위하는 데 기여하고 싶다. 그 마음을 담아 다년간의 플러스 라이프 훈련을 통해 습득한 경험을 바탕으로 정리해본 '내 마음 사용설명서'를 공유해본다.

내 마음 사용설명서

1. 마음의 힘이 크다는 것 기억하기
2. 부정적인 마음이 더 크다는 것 인식하기
3. 사람마다 마음의 컬러가 다르다는 것 명심하기
4. 마음은 성장할 수 있다는 것 믿기
5. 마음이 가진 선택의 힘 활용하기
6. 긍정적인 마음을 훈련하고 행복해지기

인생학교 같은 수업

날카로운 첫 강의의 추억

어떤 글은 읽고 나서도 계속 생각이 나고 마음에 머물러 있다. 한국인이 사랑하는 작가 알랭 드 보통(Alein de Botton)이 2008년 영국 런던에 세운 '인생학교(The School of Life)'의 슬로건 "배움을 다시 삶의 한가운데로"가 바로 그런 문구다. 배움은 삶의 한가운데서 살아 움직이는 생명체가 되어야 한다는 나의 생각을 짧게 잘 표현한 것 같아 유독 마음에 남는다. 대학에서 가르치는 나의 수업들도 학생들에게 그렇게 되길 늘 희망한다. 문자로 이해되는 배움이 아니라 삶으로 공유되는 배움을 나누고 싶다.

내가 이런 간절함을 갖게 된 데에는 특별한 계기가 있다. 날카로운 첫 강의의 추억이 가져온 행운 덕분이었다. 나는 2000년 밀레니엄이 시작되는 해에 미국 유학에서 돌아와 대학 강단에 섰다.

심리학이라는 과목을 통해 학생들을 만날 기대에 한껏 마음이 부풀어 있었고, 특히 모교에서 후배들을 가르친다는 사실이 나의 마음을 설레게 했다. 당시 서른 살의 앳된 교수로 첫발을 내디디면서 한 가지 고민이 있었다. 나 자신이 막 지나온 20대라는 나이에 이제 들어선 제자들에게 가장 중요한 화두가 무엇인지에 대한 것이었다.

몇 날의 고심 끝에 '나는 누구인가'를 주제로 골랐다. 그리고 교양과목으로 개설된 '일반심리학' 수업에서 심리학 이론뿐만 아니라 '나는 누구인가'라는 질문에 답을 찾을 수 있는 심리 검사와 프로그램을 병행하며 학생들과 보람된 한 학기를 보냈다. 학기 말에 학생들에게 '나는 누구인가'를 주제로 A4 용지 다섯 장짜리 과제를 내주었다. 학생들이 제출한 50개의 과제는 하나하나가 모두 진지하고 솔직했다. 저녁을 먹고 읽기 시작한 과제에 빠져드는 바람에 그날 거의 밤을 꼬박 새웠던 기억이 있다.

상상 이상으로 슬픈 청춘들의 이야기

학생들의 과제에 일일이 피드백을 달아주던 펜을 내려놓으며 마음에 떠오르는 단어 하나가 있었다. 바로 김홍신의 소설 제목인 '인간시장'이다. 강의실에서 만난 20대의 아기자기한 청춘들의 모습이 그들이 살아온 삶의 이야기를 읽고 나자 전혀 다르게 다가왔다.

당시만 해도 나는 첫 학기이자 첫 경험이었기에 내가 참 독특한 학생들로 이루어진 수업을 만났다고 생각했다. 하지만 학기가 반복되면서 양상이 조금씩 다르기는 하지만 큰 틀에서는 변함없이 가슴 아픈 사연들로 가득한 과제들의 비중이 여전히 높았다.

심리학 수업이 끝나면 상담을 하고 싶다며 나를 찾아오는 학생들이 나오기 시작했다. 강사 신분이라 개인 연구실도, 상담할 공간도 마땅치 않았던 나는 수업을 마친 빈 강의실이나 학교 벤치에서 그들을 만났다.

젊은 청춘들이 들려준 삶의 이야기는 나의 상상 이상이었다. 자살, 가정폭력, 낙태, 강간, 왕따, 실연 등 일상적으로 일어나는 일들이라고는 믿기 힘든 경험들도 있었다. 나는 학생들에게 밥을 사주고 상담을 하면서 때때로 그들의 삶의 한 자락에 참여했다. 하지만 세월이 쌓여가면서 이런 단기적인 처방이 아닌 좀 더 체계적인 뭔가를 더 해야 할 것 같다는 책임감이 들기 시작했다.

여름날 시원한 냉수 같았던 마틴 셀리그만과의 만남

그러던 2006년 어느 가을날, 박사 과정을 하던 연세대학교 교정에서 마틴 셀리그만(Martin Seligman)의 특강을 들을 기회가 있었다. 긍정심리학의 대가였던 셀리그만 교수의 강의는 당시 학생들의 문제로 깊은 고민과 부담이 있던 나에게 한 줄기 밝은 빛처럼 강렬하게 다가왔다.

그는 강연에서 심리학은 단순히 인간의 취약성과 정신적 손상에 관한 연구만이 아니라 강점과 잠재 능력에 대한 연구이기도 하다는 것과, 치료는 단순히 상처를 고치는 것이 아니라 우리 내면의 강점을 개발하는 것임을 강조하며 긍정심리학의 탄생을 알렸다. 또한 행복은 타고나는 것이 아니라 개발되는 것이기에 일상적인 것에 긍정적인 의미를 부여하고 훈련을 통해 자신의 강점을 강화하고 지속시키는 기술을 배워야 할 필요성을 강조했다.

깊이 몰입되어 그의 강연들을 듣는 동안 지나간 시간들이 파노라마처럼 떠올랐다. 그의 강연을 통해 1990년대 중반 미국에서 심리학 전공으로 기존 심리학적인 트레이닝을 받으면서 느꼈던 나의 내적 갈등에 대한 통쾌한 해답을 듣게 되어 마치 더운 여름날 시원한 냉수를 들이켠 듯 마음이 후련해지는 경험을 했다.

미국에서 심리상담 수련을 하던 시절, 나는 당시로서는 존재하지 않았던 긍정심리학적 접근 방법을 썼다는 이유로 때로는 지적을 받기도 하고 때로는 칭찬을 받기도 했다. 천성적인 기질과 자유로운 세계관의 영향 탓인지 나는 전통적인 방식을 그대로 따르는 상담을 진행하지 않았다. 나는 상담 시간 중 일부는 내담자들의 강점과 잠재력을 다루었고, 감사 일기 같은 긍정심리학적 개입 방법을 활용했다.

그때도 이런 상담 기법이 내담자들의 문제를 해결하는 데 깊은 통찰을 제공하곤 했다. 그러나 이 기법들은 학교에서 배운 방법이 아니었기에 늘 마음에 전통적인 상담 기법을 따르지 못했다는 부담이 있었다. 하지만 셀리그만 교수의 특강을 통해 내 방법이 틀리지 않았다는 것을 알게 되었고, 내가 사용했던 방법들을 그가 강연에서 예시로 사용하는 것을 들으며 얼마나 행복했는지 모른다. 나와 동일한 생각을 하고, 동일한 방법을 사용하고 있는 심리학의 대가를 보면서 든든한 응원군을 만난 것 같아 속으로 무척 감격했다.

강연 마지막 날, 나는 셀리그만 교수를 찾아가 그의 긍정심리학이 내 상담 경험에 얼마나 큰 힘이 되었는지 부족한 영어로 정말 열심히 설명했다. 감사하게도 그는 나의 이야기를 잘 들어주면서 자신도 나의 경험을 듣게 되어 기쁘다고 했고, 명함을 건네주며 연락하자는 격려의 선물로 나를 더 큰 감동으로 이끌었다. 나는 아직도 그의 명함을 강연 현장에서 구입한 마틴 셀리그만의 저서 《긍정 심리학》(물푸레, 2006) 맨 앞 장에 소중히 보관하고 있다. 그리고 가끔 그 책을 볼 때마다 명함을 쓸어보며 긍정심리학의 대가와 나누었던 그 짧은 감동을 다시 느껴보곤 한다.

하버드대학교 '행복학 강의'가 긍정심리학 수업으로

그 후로 나는 불타는 열정으로 긍정심리학에 몰입하게 되었다. 국내 긍정심리학 연구의 선구자인 서은국 교수님의 연세대학교 학부 수업을 청강하고, 국내외 다양한 자료들을 탐독하고, 하버드대학교의 행복학 열풍을 불러일으킨 탈 벤 샤하르(Tal Ben-Shahar) 교수의 저서 《해피어》(위즈덤하우스, 2007)도 만나게 되었다.

하버드대학교를 졸업한 수재로 성공한 삶을 살고 있었지만 행복하지 못했다고 고백했던 탈 벤 샤하르 교수는 긍정심리학에서 연구된 내용들을 실제 자신과 학생들의 삶에 적용하는 행복학 강의를 진행하게 되었고, 이후 하버드대학교에서 가장 인기 있는 강사가 되었다.

나는 탈 벤 샤하르 교수의 책을 읽으며 '그가 했다면 나도 할 수 있을까?'라는 도발적인 질문을 해보았다. 힘들고 아파하는 학생들을 위해 짧은 피드백을 주거나 단기 상담으로 응급처치만 하며 쌓여갔던 다년간의 내적 갈등을 덜 수 있는 치유적인 수업을 나도 체계적으로 해보고 싶었다. 그리고 이런 수업을 진행했을 때 과연 학생들에게 어떤 변화가 있을지 궁금했다. 그 궁금증이 용기가 되어 교무처로 달려가 호기롭게 '행복학 강의' 신설 과목 개설 신청서를 제출했다.

나의 간절함이 하늘에 전달되어서인지, 제목이 신선해서인지 모르지만 내가 제안한 과목은 2007년 '긍정심리학'이라는 제목의 교양과목으로 개설되었고, 첫 학기에 50명의 수강생 정원을 가득 채웠다. 마이너스 라이프를 살아가고 있던 학생들에게 플러스 라이프를 살아갈 수 있는 정신건강 교양을 가르치는 수업이 시작되었다.

2007년 시작된 긍정심리학은 '플러스 라이프'를 경험하도록 하는 원래의 계획에 따라 이론적인 수업보다는 실제적인 행복도를 향상하기 위한 멘탈 피트니스 훈련으로 진행되었다. 따라서 과제도 많고 함께하는 활동도 많았다. 수업을 진행하는 나도, 따라오는 학생들도 고생을 많이 한 미숙했던 첫 수업임에도 불구하고 결과는 믿기지 않을 정도로 놀라웠다.

'행복아, 이제야 너를 발견해 미안해'

수업에 참석했던 학생들 중에 늘 야구 모자를 깊이 눌러쓰고 수업을 외면하는 듯한 태도를 보이는 한 여학생이 있었다. 처음에는 수업이 마음에 들지 않아 반항하는 줄 알았는데, 나중에 그 학생의 과제를 통해 그 모습의 다른 의미를 알게 되었다. 그 학생은 2년 전 밤길에 집에 가던 중 성폭력을 당하고 여러 차례 자살을 시도했다. 마지막 자살 시도를 목격한 어머니가 충격으로 쓰러져 병을 얻게 되고 나서 자살 시도는 멈췄지만 늘 죽어야 할 이유 속에 묻혀 살고 있던 학생이었다.

졸업을 위해 돌아온 학교에서 그녀는 우연히 긍정심리학 수강 신청을 하게 되었지만 처음에는 행복을 이야기하는 수업이 너무 괴로웠다고 했다. 죽고 싶은 마음이 가득한 자신과 너무 동떨어진 이야기를 늘 웃는 얼굴로 이야기하는 교수를 보고 싶지 않았다고 했다.

그러나 소그룹 토의를 하고 주위 친구들과 같이 참여하는 활동을 하면서 자신의 딱딱하게 굳어 있던 생각에 균열이 생기기 시작했음을 느꼈다. 더 나아가 수업에서 배운 새로운 생각으로 마음의 눈이 열리는 경험을 하게 되었다. 시간이 흐르면서 진심으로 수업에 참여하게 된 그 학생은 15주 후 두꺼운 과제물을 제출했는데, 거기에는 '행복아, 이제야 너를 발견해 미안해'라는 소중한 고백이 담겨 있었다.

그녀는 긍정심리학 수업을 받으면서 삶의 변화를 깊이 체험한 후 많이 달라지게 되었다. 내가 기억하는 그 학생의 마지막 모습은 긴 머리를 바람에 날리면서 조원들과 웃으며 캠퍼스를 걸어가는 뒷모습이었다. 사람들 눈에 띄지 않길 간절히 바라는 마음에 짙은 화장을 하고 모자를 푹 눌러쓰고 다녔던 예전의 어두운 모습은 찾아볼 수 없었고, 다른 여느 학생과 구분되지 않는 평범한 학생의 모습이었다. 나는 지금도 매 학기 긍정심리학 첫 시간이면 눈부시게 아름다웠던 평범한 뒷모습의 그 학생을 떠올리곤 한다.

나도 의심했던 수업의 효과

긍정심리학 수업을 매 학기 진행하면서 강의와 과제를 통해 삶에서 의미 있는 변화를 경험했다는 학생들의 보고가 이어졌다. 왕따의 상처를 극복한 이야기, 진로를 찾은 이야기, 부모와 화해한 이야기, 용서하지 못할 것 같은 사람을 용서한 이야기, 타살의 유혹을 극복한 이야기, 죽고 싶다는 친구를 도와줘 살릴 수 있어 행복했다는 이야기 등 기대 이상의 감동적인 효과에 나 자신도 놀랐다.

솔직히 학생들이 제출한 과제의 진위를 믿기 어려운 적도 있었다. 학생들이 점수를 잘 받으려고 자극적인 이야기들을 쓰는 것 같은 착각이 들 정도였다. 하지만 증빙을 해야 하는 과제였기에 그럴 가능성은 희박한 상황이었다. 2013년, 나는 다년간 경험한 학생들의 이 같은 변화에 대한 과학적인 근거를 확인하기 위해 '대학생을 위한 멘탈 피트니스'라는 주제로 연구를 진행했다. 그리고 연구를 통해 긍정심리학 수업이 학생들의 우울증을 개선하고 심리적인 안녕감과 회복탄력성을 향상시킨다는 결과를 얻게 되었다.

이 연구 결과는 2014년 《상담학연구》 15권 1호에 〈대학생을 위한 멘탈 피트니스 프로그램이 심리적 안녕감, 회복탄력성, 우울에 미치는 영향〉이라는 제목으로 실렸다. 이후 나는 긍정심리학적 개입이 마음에 미치는 영향과 파급력에 대해 뚜렷한 확신을 갖게 되었다.

학생들의 입소문으로 알려지는 인생학교 같은 수업

긍정심리학 수업을 해온 햇수만큼 많은 추억들이 쌓여가는 것 같다. 이 수업은 이제 입소문으로 학생들이 찾아오는 수업으로 자리 잡아가고 있다. 매 학기 이전 수업을 통해 행복해진 학생들의 추천으로 이 강의를 신청하게 되었다는 학생들의 피드백을 자주 듣곤 한다.

물론 긍정심리학 수업에 참여한 학생들 모두가 극적인 경험을 하는 건 아니다. 게다가 이 수업은 과제도 많고 다양한 활동에 참여해야 하기 때문에 학생들의 반응도 호불호가 확실하다. 하지만 난 꿋꿋이 이 방식을 고수하고 있다. 왜냐하면 우리의 마음은 그냥 변화되지 않기 때문이다. 마음 훈련을 '멘탈 피트니스'라고 부르는 이유이기도 하다.

예전에 다이어트를 할 때보다 끝나고 나서 살이 계속 빠져 의사 선생님께 왜 이런 현상이 생기는지 물어보았다. 당시 의사 선생님은 운동을 꾸준히 하면서 근육량이 늘고 기초대사가 좋아져서 생기는 현상이라고 설명해주었다. 돌이켜보면 우리의 마음에도 동일한 원리가 적용된다. 단순히 좋은 것을 배우고 알게 되었다고 해서 금방 좋아지지 않는다. 꾸준한 노력과 지속적인 피드백을 통해 마음의 근육이 생겨야 삶에도 긍정적인 변화가 찾아온다.

다년간 수업을 하다 보니 극적인 긍정적인 변화를 경험하는 학생들에게서 공통점을 발견할 수 있었다.

첫째, 자신의 삶에 대해 진지하게 고민해본 학생들이다. 변화의 필요성을 절실히 느끼고 삶을 진지하게 들여다볼 용기가 있는 학생들이 주로 극적인 경험과 뒤에 이어지는 긍정적인 변화의 주인공이 되었다.

둘째, 자신의 상처 입고 지친 마음을 열어 다른 사람들에게 있는 그대로 보여줄 용기가 있는 학생들이다.

셋째, 다른 사람들의 삶의 이야기에 공감하고, 함께 어울리며 시간을 보내는 것을 좋아하는 학생들이다.

넷째, 플러스 라이프 훈련 과제를 꾸준히 하고 친구들의 피드백과 격려를 수용하고 공유하는 성실한 학생들이다.

나는 이 수업을 통해 배운 적도, 시험으로 풀어본 적도 없는 인생의 문제들 앞에 놓인 외로운 학생들과 삶의 파도를 넘을 수 있는 길을 함께 걸어가며 그들을 지원하는 인생의 응원군이 되고 싶었다. 하지만 돌아보니 긍정적으로 변화된 고마운 학생들 덕분에 내가 더 긍정에 대한 확신을 갖고 꾸준히 수업을 가르칠 수 있는 용기를 얻게 되었다. 긍정심리학이 오히려 나 자신에게 인생 수업이 된 셈이다.

앞으로도 한 줄의 심리학이라도 학생들의 삶을 행복하게 물들이는 데 쓰일 수 있길 간절히 희망하는 마음으로 매 순간 강단에서는 교수가 되고 싶다.

마이너스 라이프에서 플러스 라이프로

마이너스의 삶을 사는 사람들

지난 20년간 학생들과 내담자들과 동행하며 갖게 된 나의 화두는 "왜 마음이 아픈 사람들이 점점 늘어가고 그들의 문제는 점점 더 심각해지는가?"였다. 놀라운 문명의 발달과 지식의 폭풍적인 성장은 하루가 다르게 우리의 삶을 업그레이드하고 있는데, 왜 우리의 마음은 점점 더 힘을 잃어가는지 궁금증이 깊어졌다.

아픔을 나누기 위해 찾아오는 사람들을 만나며 나는 늘 '어떻게 하면 사람들의 마음을 건강하게 해줄 수 있을까?', '건강한 마음이란 어떤 걸까?', '언제쯤 온전하다는 생각을 갖게 될까?'라는 꼬리에 꼬리를 무는 질문에 대한 답을 찾고 싶었다. 어느 날 여정의 출발점이 될 수 있는 내담자들의 특성이 눈에 들어왔다. 바로 늘 삶의 문제에 집착하는 마이너스 라이프를 살아가는 그들의 모습이 었다.

고민은 옮겨 다닌다

공부를 아주 잘하는 자녀를 둔 한 어머니가 있었다. 고3인 딸의 좋은 성적을 자랑스러워하면서도 늘 걱정하고 염려하는 어머니였다. 연말에 입시 원서를 넣고 좋은 대학에 지원했기에 더 마음 졸이며 기다리는 모습을 지켜보았다. 그리고 그 자녀가 마지막 순간까지 합격 전화를 받지 못해 재수를 결심하려던 순간 받게 된 한 통의 전화는 합격이라는 희소식을 안겨주었다. 오래 기다린 결과였기에 그녀는 더욱 커다란 기쁨을 누렸다.

다음 주에 그녀를 직접 만나 자녀의 합격을 축하하며 '얼마나 행복하시냐'고 물었더니 돌아온 대답은 반전이었다. 너무 힘들고 스트레스를 많이 받는다고 했다. 무슨 일 때문에 그런지 물어보니 직장 동료가 자신을 힘들게 한다고 했다. 새로 들어온 동료 때문에 힘이 드냐고 되물었더니 예전부터 함께 일한 동료인데 딸에게 온통 신경 쓰다가 그 문제가 끝나고 나니 이 동료 때문에 힘들어 죽겠다는 것이었다.

그녀의 대답을 들으며 너무 익숙한 모습이라는 생각이 들었다. 내담자들과 상담을 하다 보면 많은 사람들이 하나의 문제가 해결되고 나면 희망을 가지고 행복하게 사는 것이 아니라 다음 주에는 또 새로운 문제로 인해 다시 심각해진 것을 볼 수 있었다. 삶의 문제에 집착하는 우리의 모습인 것이다. 문제가 다 해결되어야 행복할 수 있다는 잘못된 사고방식이 가져온 결과다.

인간 정서는 두 개의 수도꼭지로 온도를 맞춘다

미국의 사회과학자 노먼 M. 브래드번(Norman M. Bradburn)은 〈심리적 안녕감의 구조(The Structure of Psychological Well-Being)〉(Aldine Publishing Co., 1970)에서 긍정 정서와 부정 정서는 다른 심리적 과정과 신경학적 기제에 의해 유발된다는 점을 지적했다. 즉 부정 정서가 감소된다고 해도 긍정 정서가 자동으로 증가하지 않는다는 것이다. 이런 정서의 속성을 잘 설명하는 '두 개의 수도꼭지'에 대한 예화가 생각났다.

요즘 나온 세면기에는 수도꼭지가 하나만 있어 좌우로 돌려서 온수와 냉수를 조절하지만, 옛날 세면기에는 두 개의 수도꼭지가 있었다. 하나는 찬물이 나오는 수도꼭지이고, 다른 하나는 뜨거운 물이 나오는 수도꼭지였다. 온도를 잘 맞추기 위해서는 두 개의 수도꼭지를 적절히 여는 것이 중요하다.

찬물은 삶의 불행을, 뜨거운 물은 삶의 행복에 비유할 수 있다. 찬물이 나오는 수도꼭지를 잠근다고 뜨거운 물이 저절로 나오는 것이 아니다. 온수의 수도꼭지를 틀 줄 알아야 따뜻한 물이 나오듯 우리의 삶도 동일하다. 문제를 해결한다고 저절로 행복해지는 것은 아니다. 그 글을 읽으며 '마이너스 라이프에서 플러스 라이프로' 라는 표현을 만들어보았다. 행복한 삶을 위하여 문제에 집중하기보다 삶의 긍정적인 모습에 근거해서 살아가는 플러스 라이프 스타일이 우리에게 꼭 필요한 것이다.

마이너스 라이프에서 벗어나기 위한 다른 컬러의 노력

긍정심리학의 창시자 마틴 셀리그만은 1970년대에 학습된 무기력 이론을 제시한 우울증 연구의 대가였다. 우울증 예방의 중요성을 인식하고, 15년 동안 연구에 몰두했던 그가 내린 결론은 정신건강의 핵심은 결함과 손상의 부재 상태가 아니라 개인의 강점과 능력이 최대한 발현되는 상태로 이해해야 한다는 것이었다.

그는 정신건강에 대한 접근을 질병의 원인을 찾고 문제를 해결하려는 '질병 모델'에서, 강점과 잠재 능력을 찾아 육성하는 '성장 지향적 예방 모델'로 바꾸었다. 마이너스에서 0으로 가려고 노력하는 문제 해결 중심의 삶은 강점과 잠재 능력을 활성화하는 플러스 라이프로 자연스럽게 연결되는 것이 아니므로, 이전과 다른 긍정적인 생각과 행동을 시도하고 적용하려는 노력의 필요성을 강조한 것이다.

그와 동료들은 우울증 환자들을 대상으로 마이너스 라이프가 아니라 플러스 라이프를 살아가는 방법을 배우는 것이 삶에 어떤 긍정적인 변화를 가져오는지 검증했다. 연구에서는 긍정 정서와 적극성, 삶에 대한 의미 부족을 우울증의 원인으로 간주하고 이들 요소를 증진하면 우울 증상이 감소될 것이라고 제안했다.

실제로 중증도 이하의 우울 증상을 호소하는 대학생에게 긍정 정서와 대표 강점, 삶의 의미를 증진하는 집단치료 프로그램을 실시한 결과 우울 증상이 현저하게 감소되었으며 삶의 만족도가 증가했고 이러한 효과는 치료가 끝난 뒤 1년 이상 지속되는 결과로 이어졌다. (Martin E. P. Seligman, Tayyab Rashid, Acacia C. Parks, "Positive Psychotherapy", *American Psychologist*, 2006 Nov;61(8): pp. 774-788)

2000년대 초반에 등장하기 시작한 긍정심리학적 치료는 기존 심리치료와 중요한 차이가 있다. 기존 심리치료의 방법이 심리적 증상, 부정 정서, 역기능적 생각, 부적응적 행동 등 '부정성'에 주안점을 두는 반면, 긍정심리학은 '긍정 정서, 긍정 성품, 긍정 경험' 등 '긍정성'에 초점을 맞춘다.

핵심은 무엇을 보느냐에 달려 있다

긍정심리학적 접근에서는 부정 정서도 다루지만 긍정 정서에 더 초점을 둘 것을 강조한다. 하루 일과를 돌아보며 고민거리나 미해결 과제에 초점을 맞추기보다, 감사한 경험들을 찾거나 잘 마무리했던 일이나 동료와 즐거웠던 기억에 더 관심을 두는 것이다. 그리고 문제나 어려움에 집중하여 힘들어하기보다 짧은 시간이나마 기쁨을 누릴 수 있는 즐거운 활동들을 적극적으로 실천하도록 권장한다.

예전에 나는 휴가나 놀이는 중요한 일을 다 마치고 시간이 남을 때 하는 것이라고 생각했다. 하지만 이제는 한 주의 시간 중에 즐거운 일을 할 수 있는 계획을 미리 짜본다. 그 일을 생각하며 힘든 일을 빨리 끝내려고 하거나 재미있게 놀고 나서 얻은 힘으로 업무를 더 신속하게 처리하는 것도 가능하다는 것을 알게 되었기 때문이다. 더 나아가 삶의 의미를 추구하는 일에 더 관심을 두고, 의미 없이 하루하루를 보내는 것이 아니라 힘들고 어렵더라도 중요한 일, 꼭 해야 할 일이 있다면 도전하고 노력하는 것의 중요성을 깨닫게 되었다.

이런 삶의 변화를 경험하며 김승희 시인의 시 〈장미와 가시〉의 마지막 연이 마음에 와 닿았다.

> 그러니 그대 이제 말해주오
> 삶은 가시장미인가 장미가시인가
> 아니면 장미의 가시인가
> 또는 장미와 가시인가를

어느 누구도 가시를 보기 위해 장미를 보지는 않는다. 우리는 장미꽃의 아름다운 빛깔, 향기, 자태를 감상하기 위해 장미를 바라본다. 가시도 장미의 일부이기에 부인할 수 없고, 때로는 가시로 인해 장미가 더 아름답게 보일 수 있다.

이 시를 곱씹어보며 '왜 삶의 장미를 보는 데 시간과 에너지를 투자하지 않으려 하고 끊임없이 내 삶의 가시에만 집중하고 있는 걸까? 나는 장미의 아름다움에는 관심이 없고 크고 두꺼운 가시에만 관심을 가졌던 건 아닌가?' 하고 삶을 바라보는 나의 태도를 다시 돌아보게 되었다.

삶의 마이너스에 집중했던 우리의 눈을 들어 삶의 플러스들을 찾아보고 집중해보자. 내 삶의 아름다운 빛깔과 향기는 어떠한지 자세히 들여다보고 만끽하며 풍요롭고 건강한 삶을 살아가기로 선택하는 우리가 되면 좋겠다.

플러스 라이프를 위한 40퍼센트의 기적 만들기

사람이 기적이다

"사람이 기적이다."

이 문구는 2019년에 큰 인기를 끌었던 KBS 2TV 드라마 〈동백꽃 필 무렵〉이 던져준 가슴 따뜻한 화두다. 힘들고 외롭게 살아가던 한 여인이 자신을 사랑해주는 사람과 이웃들 덕분에 당당하고 멋진 모습으로 성장하는 이야기가 많은 사람들에게 깊은 감동을 주었다.

잘 변하지 않는 것이 사람이고 변화하기가 쉽지도 않지만 그렇다고 불가능한 것은 아니다. 나는 사람이 변할 수 있다고 믿고 노력하는 것이 중요하다고 생각한다. 이런 확신은 상담을 하면서 만났던 내담자들과 수업에서 만난 학생들이 나에게 가르쳐준 교훈이며, 내 삶의 여정에서 만난 인생의 스승들이 보여준 용기 있는 성장의 결과다. 또한 긍정심리학의 과학적인 연구 결과들은 나의 이런 믿음과 신념을 더욱 강하게 해주었다.

행복의 과학이 밝힌 40퍼센트의 기적

긍정심리학 수업을 할 때마다 꼭 강조하는 내용이 있다. 미국 캘리포니아대학교 리버사이드캠퍼스의 소냐 류보머스키(Sonja Lyubomirsky) 교수가 그의 동료들과 함께 진행했던 연구를 소개하는 것이다. (《How to be happy 하우 투 비 해피》, 지식노마드, 2007)

소냐 교수와 동료들은, 행복은 타고나는 것이고 행복한 일들에는 사람들이 금방 적응해버리기 때문에 행복해지기 위한 노력은 소용이 없다는 사람들의 편견을 깨기 위해 연구를 진행했다. 그리고 다년간의 연구를 통해 사람들에게는 개인마다 행복에 대한 설정값이 있고 그 설정값을 결정하는 중요한 요인들과 영향력을 규명할 수 있었다.

연구팀은 우리 모두의 마음에 행복을 설정하는 자동 조절 장치가 있다고 밝혔다. 이는 에어컨이나 난방 시스템에서 특정 온도를 설정하면 외부 온도가 바뀌어도 실내는 동일한 온도가 유지되는 것과 유사하다. 우리의 행복도 일정한 설정값이 있어서 기쁜 일이나 슬픈 일이 있으면 약간의 변동은 있지만, 시간이 지나면 자신의 동일한 행복수준으로 돌아온다.

개인의 행복 설정값은 유전적 영향 50퍼센트, 환경적 영향 10퍼

| 행복을 결정하는 요소 |

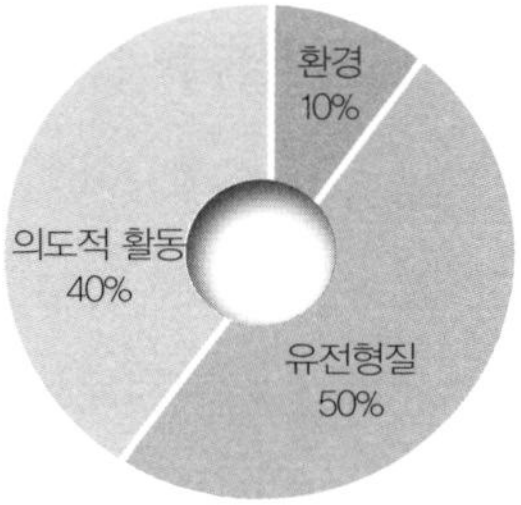

출처: 소냐 류보머스키, 《How to be happy 하우 투 비 해피》, 지식노마드, 2007

센트, 우리가 선택하는 행동의 영향 40퍼센트로 이루어진다. 그리고 개인의 행복 설정값은 쉽게 상승하지 않지만 조금만 상승해도 삶에 의미 있는 변화를 가져온다. 왜냐하면 꾸준히 지속되어왔던 것이기에 설정값이 조금만 변해도 실제로 느끼는 행복감은 더 크게 다가오기 때문이다.

나는 매해 수업마다 이 연구 결과를 학생들에게 알려주며 다음과 같이 설명한다. 비관적인 성격을 타고나서 자신이 불행하다고 말하는 학생에게는 나머지 50퍼센트의 가능성이 너를 변하게 할 수 있다고 강조한다. 또한 돈이 없어서, 얼굴이 못생기거나 학벌이 낮아서 행복할 수 없다고 자신이 처한 조건을 탓하는 학생들에게는 환경적 영향력은 겨우 10퍼센트밖에 차지하지 않는다는 사실을 일깨워주며 다르게 생각해보자고 권유한다.

그리고 스스로 행복하다고 대답한 사람들이 공통적으로 하고 있는 행동들을 소개하며 우리도 그들이 하는 행동들을 실제로 따라 해보자고 권한다. 다른 사람들을 따라 모방해보는 것은 쉬운 일이니 40퍼센트의 선택의 영향력을 믿고 한번 실천해보자고 부드럽게 권유한다. 그리고 이 일을 위한 준비 과정으로 먼저 자신의 주변에 있는 긍정적인 사람들을 찾아서 관찰하고 소통하는 '긍정 인물 인터뷰'를 수행하는 과제를 내준다.

긍정 인물 인터뷰가 확신시켜주는 40퍼센트의 비밀

다년간 학생들의 '긍정 인물 인터뷰' 과제를 읽어보며 깨달은 것이 있다. 행복한 사람에게는 공통적으로 관찰되는 행동 양식들이 있다. 기회가 된다면 학생들과 했던 과제의 결과를 소냐 류보머스키 교수에게 보여주고 싶을 정도로 유의미한 결과였다.

학생들은 부모, 친구, 친척, 아르바이트를 하며 만났던 직장 동료, 학원 선생님, 이웃 주민 등 정말 다양한 대상을 인터뷰하고 그들의 긍정적인 행동들을 보고하였다. 종이 보고서를 내는 학생들도 있었고, 동영상 인터뷰를 제출하는 학생들도 있었다. 과제를 가지고 조별로 토론하고 또 수업에서 토론한 내용을 발표하다 보면 학생들은 스스로 다음과 같은 사실들을 깨닫게 된다.

첫째, 진짜 행복한 사람은 보이는 것과 다를 수 있다. 학생들은 평소에 겉으로 행복해 보여 인터뷰를 신청해보면 가식적인 행복으로 오히려 더 우울한 사람들을 만나곤 했다. 그래서 학생들은 인터뷰 대상을 찾기 위해 몇 사람을 인터뷰해보고 선정하는 경험을 한다.

둘째, 진짜 긍정적인 사람들의 삶은 객관적으로 행복한 조건들을 가지고 있지 않다. 실제 그들이 처한 상황은 객관적으로는 불행해 보이는 경우가 많다. 하지만 그들은 상황에 휘둘리지 않고 내적 행복을 누리는 방법을 아는 사람들이다.

셋째, 그들은 다른 듯하지만 비슷한 면을 많이 가진 사람들이다. 각자 다른 사람들을 인터뷰하고 나서 수업 시간에 발표를 통해 공유하다 보면 긍정적인 사람들이 공유하고 있는 특정적인 행동들이 있었다. 매 학기 다른 학생들이 다른 사람들을 인터뷰하지만 비슷한 경험을 하는 걸 보면 소냐 교수팀의 연구 결과가 한국에서도 꽤 설득력 있음을 확신하게 된다.

행복한 사람들이 공유하고 있는 40퍼센트의 행동

긍정 인물 인터뷰를 통해 학생들과 함께 발견한, 긍정적이고 행복한 사람들이 실천하고 있는 특별하지 않은 듯 특별한 행동들은 다음과 같다.

- 사랑하는 사람들과 보내는 시간을 소중하게 여기고 실제로 함께하는 기회들이 많다.
- 일어나는 일들에서 부정적인 면보다는 긍정적인 면을 크게 본다.
- 자신에게 일어나는 작은 일들도 당연히 여기지 않고 감사할

일이라고 여긴다.

- 규칙적으로 운동을 하며 몸과 마음을 가꾼다.
- 자신을 즐겁게 하는 일들이 어떤 것인지 알고 있고 미루지 않고 먼저 하려고 노력한다.
- 주변 사람들을 배려하고 그들을 기쁘게 하는 일들을 하는 것을 자신의 기쁨으로 여긴다.
- 소박하지만 자신만의 꿈이 있고 잘되지 않아도 노력하는 것을 멈추지 않는다.
- 슬픈 일이나 스트레스 받는 일이 생겨도 매몰되지 않고 그럴 수 있다고 인정하고 시간이 도움이 될 거라고 생각하며 자신이 할 수 있는 일을 찾아서 실천한다.
- 동물이나 식물들을 돌보는 일을 즐기는 경향이 있고 자연의 아름다움을 발견할 줄 안다.
- 실패하는 것을 이상하게 여기지 않고 다시 시작하는 데 걸리는 시간이 짧다.
- 좋은 책을 읽거나 좋은 사람들을 만나 배우는 것을 좋아한다.

긍정 인물 인터뷰 과제는 마치 우리 삶에 숨어 있는 긍정적인 모습들을 찾는 숨바꼭질 같다는 생각이 든다. 삶의 숨바꼭질에서 놀라운 발견을 한 여학생이 있었다. 그는 나에게 사람이 변할 수 있다는 것을 자신의 삶의 경험으로 직접 보여주었다.

긍정적인 것을 실천하는 삶이 주는 결과

나는 그 학생을 박사 과정 수업에서 만났다. 그는 다른 사람의 삶을 인터뷰하기 전에 스스로 변화된 삶을 살아가고 있다며 당당히 자기의 이야기를 발표해주었다. 그 학생은 학창 시절 왕따의 경험과 비만으로 인해 낮은 자존감과 깊은 우울증으로 고통스러운 삶을 살고 있었다. 하지만 어느 날 더 이상 그렇게 살 수는 없다는 생각이 들어 변화를 결심하고 예전과 다른 행동들을 새롭게 실천했다.

가장 먼저 실천한 것은 가까운 곳을 걸어 다니는 일이었다. 그리고 음료수가 아닌 건강한 물과 차 자주 마시기, 집에서 할 수 있는 가벼운 운동 꾸준히 하기, 좋은 책을 읽고 좋은 글귀 정리해보기, 자신의 꿈을 적어 벽에 붙여놓고 바라보며 그 꿈을 이루기 위해 규칙적으로 생각하기 등을 실천했다. 그 결과, 10여 년이 지난 지금까지도 균형 잡힌 몸매를 유지하고 있고, 현재는 자신의 꿈에 한층 더 다가가 박사 과정을 공부하는 중이다.

그의 이야기에서 감동적이었던 부분은 '부정적인 것을 하지 않으려고 노력했던 것이 아니라 긍정적인 것을 더 적극적으로 실천'했다는 것이다. 그의 삶이 마이너스 라이프에서 플러스 라이프로 긍정적인 변화를 이룬 것은 바로 그가 실천했던 현명한 선택의 결과였음을 알 수 있었다.

이처럼 행복한 마음을 위해 긍정적인 행동들을 선택하고 지속적으로 실천하는 활동을 '멘탈 피트니스'라 부른다. 마음의 근육을 키우는 일은 몸의 근육을 키우기 위해 노력하는 것과 여러 면에서 유사하다. 운동을 하기 위해 피트니스 센터에 가면 기초 체력을 측정하고 개인에게 적당한 운동을 찾아준다. 그리고 날마다 조금씩 운동량을 늘려나간다. 전문가의 도움을 받아 피트니스를 하면 피드백을 주고 잘못을 교정해주고 격려를 해주기 때문에 혼자 운동하는 것보다 훨씬 효과적이다. 또한 함께하는 동료가 있다면 재미있게 오랫동안 지속할 수 있다. 마음의 근육을 단련하는 멘탈 피트니스도 동일한 과정을 거친다.

성공적인 멘탈 피트니스를 위한 노력을 할 때도 행복을 위해 어떤 활동들이 내게 맞는지 알아보는 것이 중요하다. 내게 맞는 긍정심리학적 개입 활동들을 알아보려면 '개인-활동 간의 적합성 진단' 검사를 받아보는 것이 좋다. 이 검사는 각 개인에게 유용한 도움을 제공할 수 있다. (《How to be happy 하우 투 비 해피》, 지식노마드, 2007)

이 검사는 행복도 상승에 기여할 수 있는 효과가 검증된 열두 가지 긍정심리학적 개입 활동들 중에서 자신에게 가장 적합한 방법을 찾아 실천하도록 도와준다. 특히 자신의 강점과 좋아하는 것을 알고 활용하면 더 좋다. 예를 들어 사람들과 잘 어울리는 강점을 가진 사람들은 다른 사람들과 연관된 활동을 하는 것이 도움이 되고, 성취 지향적인 사람들은 목표 설정과 관련된 활동들을 더 잘

할 수 있다. 더 나아가 혼자 하기보다는 피드백을 줄 수 있는 사람들과 함께 즐겁게 실행하면 더욱 효과적이다.

마지막으로 기억할 것은, 이런 활동들은 '티핑 포인트'가 있다는 것이다. 티핑 포인트란 어떤 미약한 자극이 처음에는 자극으로 인식되지 못하다가 특정 순간에 이르면 갑자기 극적인 변화가 일어나는 것을 지칭하는 단어다. 영어 듣기를 공부하다 보면 처음에는 무슨 말인지 들리지 않지만 공부하는 시간들이 쌓이면 어느 순간 영어가 들리고 내용을 이해하고 있는 자신을 발견하게 된다. 소위 '귀가 뚫리는 경험'을 하게 된다. 이 지점이 바로 '티핑 포인트'다.

이와 마찬가지로 멘탈 피트니스를 위한 활동들도 처음에는 실천을 해도 효과를 잘 느끼지 못한다. 하지만 시간이 지나면서 경험들이 쌓이다 보면 어느 순간 나의 변화를 남도 알게 되는 순간이 오게 된다. 그러므로 결과에 지나치게 연연하지 않고 꾸준히 해야 할 일들을 시도하다 보면 자신의 삶이 변화되는 '티핑 포인트'에 스스로 이르게 된다.

기적의 또 다른 의미

'우공이산(愚公移山)'은 《열자(列子)》〈탕문편(湯問篇)〉에 나오는 고사성어다. '어리석은 영감이 산을 옮긴다'는 뜻으로, 오랜 시간이 걸리더라도 꾸준하게 열심히 하면 결국엔 뜻을 이룰 수 있다는 의미다.

이 고사성어를 몸으로 보여준 인도의 마운틴맨(Mountain man) 다시랏 만지(Dashrath Manjki)의 이야기를 신문에서 읽은 적이 있다.(김향미, 〈부인이 병원에 못가 죽자 산 깎아 길 만든 사나이〉, 경향신문, 2013.05.30.) 그는 인도 비하르주 가야 지구의 작은 마을에서 아내와 함께 행복하게 살고 있었다. 그러던 어느 날, 임신한 아내가 산에서 넘어졌고 그는 피범벅이 된 아내를 약 80킬로미터 떨어진 가장 가까운 병원으로 데려갔으나 아내는 도중에 죽고 말았다. 그 후 그는 필요한 도구를 모아 매일 산에서 일하며 시간을 보냈다. 마을 사람들은 아내의 죽음으로 그가 정신이 나간 것이라고 생각했다. 하지만 22년의 세월이 흐른 후 다시랏이 그동안 무엇을 위해 그토록 열심히 했는지 드러났다. 바로 산을 통과하는 도로를 만든 것이었다. 그는 혼자서 망치와 삽만 가지고 산을 통과하는 길을 만들었다.

기적 같은 그의 이야기는, 작은 변화도 꾸준히 하면 놀라운 결과와 직결된다는 사실을 잘 보여준다. 그리고 기적은 오늘날에도 꾸준히 노력하는 사람들에게 일어나고 있다.

나도 매 학기 학생들의 삶에 일어나는 작은 변화들을 통해 행복에 영향을 미치는 40퍼센트의 기적을 목격하고 있다. 사람이 변화할 수 있을까? 변화할 수 있다. 오늘의 나는 어제의 내가 선택한 행동의 결과이고, 내일의 나는 오늘의 내가 결정하고 실천했던 행동의 총합이기 때문이다. 어떤 선택을 하고 어떤 행동을 하는가에 따라 사람은 변한다. 행동이 변화하면 습관이 되고, 습관이 변화하면 사람이 변화한다.

플러스 라이프를 위한 '나미효과'

사람의 마음에 토네이도를 가져오는 '나미효과'

'나비효과'라는 말이 있다. 이 말은 1952년 미스터리 작가 레이 브래드버리(Ray D. Bradbury)가 시간여행에 관한 단편소설 《천둥소리(Coller's, 1952)》에서 처음 사용했고, 이를 미국의 기상학자 에드워드 N. 로렌즈(Edward N. Lorenz)가 1972년 미국과학진흥협회에서 '브라질에서 나비가 날갯짓하면 텍사스에서 토네이도가 일어날까?'라는 주제로 강연을 하면서 크게 알려졌다.

브라질에 있는 나비가 날개를 한 번 퍼덕인 것이 대기에 영향을 주고, 또 이 영향이 시간이 지나면 증폭되어 긴 시간이 흐른 후 미국을 강타하는 토네이도 같은 엄청난 현상을 초래할 수 있다는 것으로, 초기 조건의 사소한 변화가 전체에 막대한 영향을 미칠 수 있음을 이르는 말이다.

나는 이러한 특이한 현상이 자연계뿐만 아니라 우리의 삶에서도 일어난다고 생각한다. 나비의 작은 날갯짓이 날씨에 큰 변화를 일으킬 수 있듯이 한 사람의 삶에 일어나는 미세한 변화나 작은 사건이 향후에 예상치 못한 결과로 확장될 수 있다.

내가 특별히 주목한 것은 상담이나 교육 현장에서 만난 사람들과의 경험을 통해 '우리 마음에서 시작된 작은 긍정적인 변화가 어떻게 확장되고 성장하는가'였다. 그리고 인생의 나비효과는 자연계가 아닌 개인인 나에게 일어난 일이기에 '나미(ME)효과'라는 이름을 붙였다. '나미효과'는 내가 경험한 인생의 나비효과를 생생하게 표현하고 싶어 붙인 이름이기도 하지만, 사실은 한 강연을 준비하며 가졌던 고민을 해결하고자 생각해낸 고육지책의 결과물이기도 하다.

내가 근무하는 대학에는 학기 중에 매주 채플이 있고, 거의 매년 나는 채플에서 강연을 부탁받았다. 지금은 어느 정도 익숙해졌지만 처음 채플 강의를 의뢰받았을 때는 부담감이 컸다. 배움보다 출석이 더 중요한 채플 시간이었기에, 듣기보다는 시간을 때우려는 학생들의 주의를 집중시키기가 하늘의 별 따기만큼 어려웠기 때문이다.

심리학 주제들 중 대학생들에게 유용한 내용을 소개해달라는 요청을 받고 첫 채플 강연을 준비하며 독특한 제목을 통해서라도 학생들의 관심과 시선을 끌고 싶어 고민고민하다 생각해낸 타이틀이 '나미효과'였다. 내 이름을 앞세워 학생들의 관심을 끌어보고

자 얼굴을 붉힐 수밖에 없는 제목을 내세웠지만, 그날의 성공으로 꽤 쓸모 있는 유익한 시도였음을 알 수 있었다.

'나미효과'라는 제목을 붙인 이유를 설명하며 웃음으로 시작된 강연은 생각보다 잘 풀려갔다. 상담과 수업에서 만난 학생들의 삶에 나타난 '나미효과'의 실제 사례를 들려주니 나를 향한 학생들의 시선이 점점 더 늘어나기 시작했다. 예상과 달리 강연에 긍정적으로 반응하는 학생들과의 경험을 통해 내가 행복해지고, 행복해진 나로 인해 주변과 세상이 행복할 수 있다는 작지만 소중한 진리는 많은 사람들이 관심을 갖는 주제임을 확인할 수 있었다. 짧은 채플 시간이었지만 '나미효과'가 주는 작은 '나비효과'를 체험한 순간이었다.

사랑의 힘으로 돌아가는 플러스 라이프 모형

나는 20여 년간 전문가로서의 경험을 통해 깨닫게 된 '나미효과'를 다음과 같은 '플러스 라이프 모형'으로 표현해보았다. 이 모형은 내담자와 학생들이 성장해가는 모습을 지켜보면서 그 속에 나타난 공통적인 현상의 관찰 결과를 묘사한 것이다. 이 모형의 중앙에는 '사랑'이 에너지의 근원으로 자리 잡고 있다. 그리고 그 주위를 '긍정적인 나, 존중하는 너, 그리고 함께하는 우리'라는 세 요인이 나선형으로 확장되며 성장한다.

'플러스 라이프 모형'의 중심에 사랑을 배치한 것은, '사랑'이야

| 플러스 라이프 모형 |

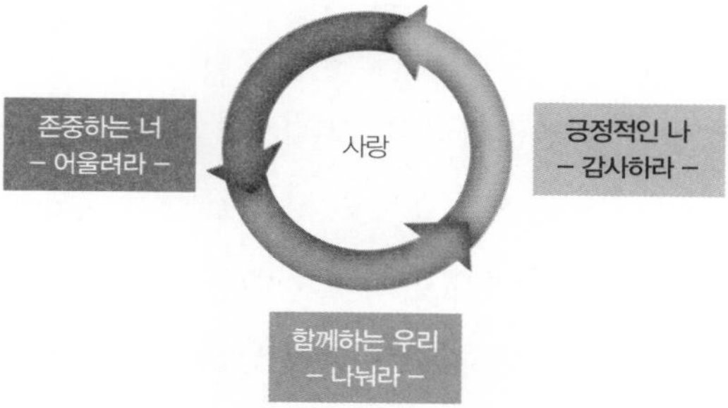

말로 한 인간의 성장에서 핵심을 차지하기 때문이다. 사랑의 온기만이 사람을 변화 가능하게 한다. 사랑받은 사람은 자신이 받은 사랑을 바탕으로 자기 안에 있는 긍정을 발견하고 '긍정적인 나'가 될 수 있다. 그리고 더 나아가 긍정적인 사람은 스스로를 바라보는 긍정적인 눈으로 타인도 보기 때문에 다른 사람을 존중할 수 있게 되어 '존중하는 너'로 성장한다. 긍정적인 사람과 그의 존중을 받은 사람은 함께하는 것을 즐거워하고 자신들의 유익보다는 더 큰 세상과 더 높은 목적을 추구하는 '함께하는 우리'로 성장한다. 그리고 마지막으로 '함께하는 우리'의 경험은 '긍정적인 나'에 대한 더 확장되고 성장하는 경험으로 이어져 나선형으로 선순환된다.

플러스 라이프 모형을 삶으로 보여준 초로의 신사

2009년 우리 가족은 남편의 주재원 발령으로 미국

생활을 하게 되었고, 나는 그곳의 한 심리상담센터에서 일하게 되었다. 그 센터는 한인 방송국과 연결된 곳이어서 라디오 방송을 통해 심리상담을 진행할 기회를 얻게 되었다. 일주일에 한 번, 1시간의 짧은 상담 방송이었지만 끝나면 방송을 듣고 찾아오는 내담자들을 만날 수 있어 많은 추억을 쌓는 기회가 되었다.

그때 만났던 내담자 중 가장 기억에 남는 사람이 있다. 60대 후반의 남성 내담자였는데, 그 연배의 남자분을 상담한 경험은 처음이라 특히 기억에 남았다.

한국 사람들은 심리상담에 대한 편견이 있는 편이고, 특히 연령이 높을수록 더 부정적인 경향이 있어 상담 현장에서 60대의 남성 내담자를 만날 기회가 별로 없다. 그 내담자도 중대한 결심을 하고 상담에 온 것 같았다. 그는 늘 실패하는 삶을 살아왔기 때문에 이번에 갖게 된 용기마저 놓치면 후회만 가득한 인생의 마지막을 맞게 될 거라는 두려움 때문에 오게 되었다고 했다. 그리고 이제라도 후회하지 않는 삶을 살고 싶다고 강조했다. 그렇게 시작된 상담은 내가 한국으로 돌아오기 전까지 1년 넘게 지속되었다.

상담 초기에 그는 자신은 늘 잘못된 선택을 하며 인생의 모든 좋은 기회를 날려버린 실패자였고, 가족들은 다 자신을 괴롭히는 부정적인 존재들로 묘사하며 우울과 불안을 호소했다. 하지만 상담을 통해 마음의 온기가 쌓여가면서 자신의 삶을 바라보는 눈이 조금씩 변해갔다. 부정적인 면만 가득하다고 생각했던 그의 삶의 이면에 숨어 있던 긍정적인 모습들을 점점 발견하기 시작했다. 그리고 회차가 쌓여갈수록, 그의 태도와 표정에서 조금씩 온기가 살아났다. 그의 내면에서 '긍정적인 나'가 작동하기 시작한 것이다.

이후 그 스스로 경험하게 된 긍정적인 변화는 가족에 대한 긍정적 평가로 이어졌다. 정말 잘못 만난 배우자라며 많은 불평을 쏟아놓았던 아내에 대해 잊고 있었던 좋은 추억들을 떠올리기 시작했다. 그리고 중독과 자퇴로 인생을 망쳤다며 비난했던 자녀에게 감사와 칭찬을 표현하기 시작했다.

나는 이런 변화를 경험하는 내담자를 보며 '존중하는 너'로의 성장이 무척 신기했다. 그리고 마침내 그는 자신의 인생에서 새로운 소명을 발견했다며 글을 쓰는 작가가 되고 싶다고 했다. 자전적인 경험을 책으로 쓰면서 삶을 정리해보고 싶고, 더 나아가 예전의 자신처럼 힘든 삶을 사는 사람들을 도와주는 의미 있는 일을 찾고 싶다는 열정을 가지게 되었다.

그는 새로운 인생 목표를 위해 구체적인 행보를 이어갔다. 늦은 나이임에도 만학도가 되어 미국 대학에서 진행하는 글쓰기 수업을 꾸준히 수강했고, 내성적인 성격임에도 불구하고 미래의 작가들 모임에 직접 찾아가서 책을 쓰기 위한 토론에 적극적으로 동참했다. 내가 한국으로 떠나오기 전 마지막 만찬을 함께했을 때 만난 그는 예전의 우울하고 불안했던 초라한 노인이 아니라, 여유와 자신감이 느껴지는 멋진 로맨스그레이의 신사와 같은 모습이었다. 그 내담자와의 만남은 한 사람이 어떤 과정을 거쳐 마이너스 라이프에서 플러스 라이프로 성장해나가는가를 나에게 잘 가르쳐준 훌륭한 수업과도 같은 시간들이었다.

귀 없는 피노키오의 좌충우돌

10여 년이 지난 어느 날, 한 편의 글을 읽으며 다시 그 60대 내담자를 떠올리게 되었다. 바로 정여울 작가가 쓴 〈피노키오에게는 왜 귀가 필요했나〉(중앙선데이, 2015.10.04.)라는 신문기사였다. 심리학에 조예가 깊은 글들을 써왔던 정여울 작가의 글이라 관심을 갖고 읽다 보니, 그 내용이 마치 내 마음을 펼쳐 읽어주는 것 같은 느낌이 들어 깜짝 놀랐다. 정여울 작가는 《피노키오》라는 동화를 통해 목각인형이었던 피노키오가 진정한 사람으로 변화해 가는 과정을 심리적인 변화와 함께 잘 묘사해주었다.

말 안 듣는 천방지축 말썽꾸러기 피노키오를 만든 제페토는 늘 잘못을 저지르고 도망가고 거짓말을 하는 피노키오 때문에 걱정이 많았다. 잘못을 한 그의 버릇을 고쳐주기 위해 귀를 잡아당기려 했더니 그에게는 귀가 없었다. 할아버지가 너무 서둘러 만드느라 귀를 깜박했기 때문이다.

그가 진짜 사람이 되기 위한 첫 번째 관문은 바로 새로 생긴 귀로 타인의 말을 잘 듣는 것이었다. 그런데 귀가 열려 타인의 말을 알아듣게 되자 또 다른 고민거리가 생겼다. 피노키오가 부정적인 말들에 현혹되는 것이었다. 들을 수 있는 귀가 있어도 옳은 것을 선택할 수 있는 강한 의지가 없다면 귀는 무용지물이었다. 하지만 피노키오는 할아버지의 사랑 덕분에 여러 역경과 시행착오를 통해 긍정적인 선택을 할 수 있는 강한 의지를 갖게 되었다. '긍정적인 나'로 성장한 피노키오의 모습이었다.

자신 때문에 오랫동안 온갖 고생을 해온 아버지를 돕는 데 자신의 '힘'을 쓸 수 있다는 것을 알게 된 피노키오는 생애 최초로 진정한 기쁨을 누리게 된다. 피노키오는 이제 타인과 함께 공존하는 삶의 소중함과 타인의 고통을 상상하고 그 아픔에 공감하는 능력을 갖게 되어 진짜 인간이 된 것이다. 피노키오가 '존중하는 너'로 변한 모습이다.

마지막에 피노키오는 혼자 누리는 행복보다 함께 누리는 행복의 가치를 알게 되어 '함께하는 우리'가 되는 것이 가장 소중한 것임을 깨닫게 되었다. 동화 《피노키오》의 이야기를 깊이 분석한 정여울 작가의 글을 읽으며 목각인형의 성장 과정 속에 진정으로 건강한 사람이 되기 위해 우리가 거쳐야 할 과정들이 잘 묘사되어 있어 많은 공감을 하게 되었다.

긍정적인 사람이 되는 길이 좋은 사람이 되는 길이다

2016년 연말, 교재 선정을 위해 다양한 책을 살펴보다 발견한 조벽 교수의 《인성이 실력이다》(해냄, 2016)는 나에게 잊지 못할 그해의 '인생 책'이 되었다. 무엇보다 교육학 강의에서 인성을 강조하고 있던 나에게 꼭 필요한 책이어서 반가웠고, 더 나아가 책장을 넘기며 발견한 소제목 '인성교육의 삼율, 즉 자기조율, 관계조율, 공익조율'이라는 내용 때문에 더 깊은 관심을 갖게 되었다.

조벽 교수는 우리나라 미래 교육을 소개하는 자리에 늘 등장하는 학자다. 그런 그의 책에서 발견한 삼율은 내가 생각했던 플러스 라이프 모형과 맥을 같이하고 있어 무척 반가웠다. 그는 자기조율을 자신의 생리적, 본능적 욕구를 조절하고 원초적 불안감과 두려움을 다스리는 능력이라고 보았다. 또한 감성과 이성 사이의 조율이 곧 자기조율의 핵심이라고 강조했다. 관계조율은 남과 더불어 일할 수 있는 능력이며, 소통, 신뢰, 배려, 존중 등 파트너십과 집단지성을 바탕으로 활동할 수 있는 것을 지칭한다. 마지막으로 공익조율은 사익을 추구하기보다는 자신보다 더 큰 공동체의 이익을 고려하고 자신을 뛰어넘어 삶의 의미를 보다 큰 것에서 찾는 것이라고 설명한다.

이런 삼율에 대한 의미들을 읽어가며 내가 생각한 모형과 궤적을 같이하고 있다는 생각이 들었다. 그 글을 처음 읽는 순간 내가 생각하고 정리해본 개념들이 '주관적인 이론'에서 '객관적인 논리'로 전환되는 경험을 하게 되었다.

2017년 가을, 긍정심리학 마지막 수업 시간에 한 학생이 한 학기 동안 진행했던 플러스 라이프 프로젝트의 소감을 이렇게 발표했다.

"긍정적인 사람이 되기 위한 실천들을 하며 깨닫게 된 것은 긍정적인 사람이 되는 길이 좋은 사람이 되는 길이라는 것이었습니다."

그 학생의 소감문은 내게 큰 감동을 주었다. 가끔 그의 순수하고 담담했던 발표가 생각나곤 한다. 우리는 좋은 사람이 되고자 고민하는데, 그 길은 생각보다 어려운 길이 아니다. 작고 쉬운 긍정적인 실천들을 꾸준히 하다 보면 좋은 사람이 될 수 있다는 희망을 그 학생은 스스로 발견했다. 플러스 라이프 훈련이 좋은 인성을 갖게 하는 길과 연결되어 있다는 든든한 근거를 얻었으니 인생의 나비효과인 '나미효과'를 믿고 함께 그 길을 걸어가보자.

부정 정서를 긍정 정서로 변화시키기

1. 다음에 제시된 감정 단어들 중 자신에게 해당되는 긍정 정서와 부정 정서를 찾아 물방울 안에 적어보세요.

감정 단어				
기쁨	포근함	활발함	실망	쓸쓸함
행복	다정함	뿌듯함	암담	우울함
감사	즐거움	걱정	허탈함	무기력
평화로움	의기양양함	괴로움	답답함	불안함

〈긍정의 수도꼭지〉

〈부정의 수도꼭지〉

2. 부정 정서를 긍정 정서로 전환할 수 있는 활동을 적어보세요.

예) 우울할 때 편한 신발을 신고 산책하기

3. 긍정 정서를 더 확대하기 위한 자신만의 긍정 활동을 계획해보세요.

예) 오늘 느낀 감사를 잊지 않기 위해 감사 일기 쓰기

2장

‘긍정적인 나’ 되기

Plus Life

낙관성 올리기 훈련

자연의 빛 vs 마음의 빛

나는 아침잠이 별로 없다. 그래서 누릴 수 있는 특권은 남들이 잠들어 있는 고요한 아침 산책을 즐기는 일이다. 막 떠오르는 아침 햇살을 받아 반짝이는 이슬 맺힌 오솔길을 조용히 걷다 보면 세상살이에 찌들었던 몸과 마음이 깨끗한 공기와 풋풋한 풀 냄새에 싹 씻겨 내려가 밝고 환한 마음이 되는 것 같다. 유난히 파란 하늘과 서늘한 공기 그리고 따뜻한 햇살이 좋은 아침 산책길에서 '빛'이라는 단어가 마음에 진하게 다가왔다.

한 줄기 빛이 어두웠던 대지를 비추며 어둠을 물리치면 환한 세상이 시작된다. 빛이 비치면 생명이 없던 곳에 생명이 시작된다. 보이지 않던 것이 보이게 되고 알지 못하던 것들을 알게 된다. 작지만 큰 변화를 일으키는 단어 중 하나가 '빛'이다. '자연의 빛'을 생각하다 보니 '마음의 빛'이라는 단어가 떠올랐다. 우리의 마음도 자연계와 비슷한 것 같다. '어두운 우리 마음을 비추는 빛', '밝은 마음'이라는 표현이 있는 걸 보면 우리 마음에도 어둠과 밝음이 있고 우리 모두는 밝고 환한 마음을 갖기를 염원하는 것 같다. 밝고 환한 마음은 어떻게 가질 수 있을까?

마음의 선글라스 인식하기

몇 해 전 가족들과 함께 미국 그랜드캐니언을 방문하고자 14시간이 넘는 장거리 자동차 여행을 하게 되었다. 햇살이 강한 캘리포니아에서 장거리 운전을 하다 보면 선글라스를 벗기가 쉽지 않다. 오후에는 남편 대신 내가 운전대를 잡았는데, 사막 지역이다 보니 해가 빨리 지고 어두워져 운전하기가 힘들었다. 한국 고속도로는 정비도 잘되어 있고 조명도 좋은데 미국의 사막 지역을 여행하다 보면 열악한 고속도로 사정 때문에 한국의 고속도로가 그리울 때가 많았다.

그날도 날은 어두워지는데 도로에 가로등도 없어 앞이 잘 보이지 않아서 운전이 힘들다고 남편에게 투덜거렸다. 그러자 남편이 가만히 웃으며 한마디 던졌다. "선글라스를 벗어."

진짜 선글라스를 벗고 보니 생각보다 밝았다. 그 순간 하나의 깨달음이 마음에 와 닿았다. 선글라스가 나의 시각을 왜곡하듯 내 마음의 선글라스도 마음을 어둡게 하여 현실을 왜곡해서 보게 할 수 있다는 생각이 불현듯 크게 다가왔다.

마음은 우리가 알고 있는 것보다 훨씬 부정적이다. 내면 언어의 중요성을 강조하는 '셀프 토크(Self Talk)' 연구의 대표적 심리학자인 미국의 섀드 헴스테터(Shad Helmstetter)는 일반적으로 사람들은 하루에 깊이 자는 시간을 제외하고는 20시간 동안 무려 5만~6만 가지 생각을 한다고 한다. 문제는 그중 85퍼센트가 부정적인 생각이라는 것이다. 그렇기 때문에 우리의 언어도 부정적인 비율이 75퍼센트 이상이라고 지적하며 부정적인 내면 언어를 긍정적으로 전환하는 훈련의 필요성을 강조했다. 이 연구를 통해 우리 마음도 선글라스를 끼고 있어 부정적인 비율이 3배나 높다는 것을 알 수 있다.

긍정적인 사고는 6배 더 많이

이와 대조적인 연구 결과도 있다. 성공적인 삶을 영위하는 사람들의 생각은 긍정 정서 대 부정 정서의 비율이 3 : 1이라는 점이다. 바버라 프레드릭슨(Barbara Fredrickson)과 마셜 로사다(Marcial Francisco Losada)는 연구를 통해 한 회사의 실적이 좋은 팀과 그렇지 않은 팀을 조사하고 그들의 정신건강을 측정하고 회의하는 과정을 지켜보면서 실적의 차이를 가져오는 요인을 분석했다. (《내 안의 긍정을 춤추게 하라》, 물푸레, 2015)

그 결과 연구팀은 정서의 긍정성과 부정성의 비율이 성과의 차이를 가져오는 주요 원인이 된다는 사실을 분석해냈다. 이들은 긍정 정서와 부정 정서의 비율이 3 : 1일 때 가장 효율적이라는 결론에 이르렀다.

결론적으로 우리는 부정적인 사고를 3배나 더 많이 하는 편이라는 사실과 긍정성이 3배 더 높을 때 성공적인 삶을 살아갈 수 있다는 연구 결과들을 종합해보면 적어도 긍정적인 사고의 비중을 6배 정도 높이는 훈련이 필요한 것을 알 수 있다. 내 마음이 가는 대로 살면 우리의 삶은 부정적으로 치우쳐 긍정성이 많이 부족한 삶이 되는 것이다.

음식에는 간이 중요하다. 달다고 다 맛있는 것도 아니며 짜다고 다 맛이 나는 것도 아니다. 단맛과 짠맛의 비율이 적절할 때 감칠맛이 나는 것이다. 우리 마음도 동일하다. 긍정적인 생각과 부정적인 생각 모두 필요한데 중요한 것은 비율이다. 우리 마음의 긍정성과 부정성에도 이런 절묘한 조화가 필요하다. 부정 정서의 중요성을 인정하면서 그보다 높은 수준의 긍정 정서를 유지하는 것이 진정한 삶의 만족과 성장으로 이어지는 길이다.

마음의 선글라스를 벗는 훈련은 언제 어떻게 해야 할까

마음의 긍정성을 향상하기 위해 우리는 언제 무엇을 어떻게 해야 할까? 데이비드 왓슨(David Watson)과 동료들의 연구 결과를 보면, 긍정적인 기분은 이른 아침과 늦은 밤에 매우 낮고 낮 시간에는 높은 역U자형의 흐름을 보이는 반면, 부정적인 기분은 아침부터 밤까지 거의 같은 상태를 나타낸다.(Watson, D., Wiese, D., Vaidya, J., Tellegen, A., "The two general activation systems of affect: Structural findings, evolutionary considerations, and psychobiological evidence.", *Journal of Personality and Social Psychology*, 1999, 76(5), pp. 820-838)

따라서 우리는 아침과 밤에 우리의 생각이 더 부정적으로 흐른다는 점을 기억할 필요가 있다. 그리고 부정적인 생각은 일정한 경향이 있기 때문에 긍정적인 정서가 떨어지는 아침과 밤 시간에 우리의 생각을 긍정적으로 훈련하면 마음을 조금 더 안정적이고 평온하고 긍정적으로 유지하는 데 도움이 될 것이다.

우리 마음에 부정적인 생각이 더 많고 부정적인 생각이 언제 우리를 힘들게 하는지 알고 나니 마음을 이해하고 생각을 정리하는 일이 한결 쉬워졌다. 아침에 눈을 뜨면 행복한 기분보다 염려와 걱정이 더 높았던 이유도 알 수 있었다. 그래서 아침에는 긍정적인 생각을 할 수 있는 일로 하루를 시작하는 훈련이 중요하다. 눈을 뜨면 그날 하루 동안 해야 할 일들이 먼저 떠올라 기분이 좋지 않고 스트레스를 받곤 했는데, 이제는 그럴 때 감사의 조건을 세어보는 일로 빨리 내 마음을 돌린다.

해야 할 일에 대한 부담보다는 일이 있다는 즐거움을 떠올리고, 해결해야 할 문제에 집중하기보다는 그 일들이 잘되면 어떤 결과를 얻을 수 있는지 긍정적인 예측을 하다 보면 어느새 기분도 가벼워지고 몸도 가벼워지는 경험을 하게 된다. 그리고 심각한 일은 밤

늦게까지 생각하지 않으려 하고 자기 전에는 내가 좋아하는 활동들을 하면서 하루를 마감하려고 노력하다 보면 한결 가볍게 하루를 보낼 수 있다. 이런 나의 경험을 통해 밝은 마음을 유지하기 위해서는 부정적인 사고를 줄이고 긍정적 사고를 강화하는 훈련이 필요함을 알 수 있다.

낙관성 올리기 훈련 1 : 부정적 사고의 함정 '자동적 사고' 분석하기

우리 마음에는 현실을 부정적으로 왜곡하는 '자동적 사고'라는 특별한 패턴이 있다. 아론 벡(Aaron Beck)은 인지 모델에서 상황 그 자체보다 흔히 자동적 사고로 표현되는 상황에 대한 해석이 그 사람의 감정이나 행동 및 생리적 반응에 더 많은 영향을 준다는 점을 강조했다.(주디스 벡, 《인지치료 : 이론과 실제》, 하나의학사, 1997) 하지만 우리는 일상생활 속에서 자동적 사고의 영향을 잘 인식하지 못한다.

따라서 인지 치료는 현실을 왜곡하여 목표에 도달하는 것을 방해하는 역기능적인 자동적 사고를 식별하는 데 관심을 가진다. 우리가 쉽게 범하는 자동적인 사고에 내포되어 있는 인지적 오류의 대표적인 예들은 다음과 같다.

- 흑백논리 : 극단적인 이분법적 사고다.

예) 내 편이 아니면 적이다. 완벽하게 성공하지 않으면 실패한 것이다.

- 재앙화 : 미래에 대해 어떤 현실적인 고려도 없이 보다 부정적으로 예상한다.

  예) 나는 매우 화가 날 것이고 전혀 기능하지 못할 것이다.

- 긍정적인 면의 평가절하 : 자신의 긍정적인 경험이나 자질 등을 고려하지 않고 비이성적으로 생각한다.

  예) 계획이 성공했지만 내가 유능한 것이 아니라 운이 좋았을 뿐이다.

- 감정적 추론 : 자신이 느끼는 강한 확신 때문에 반대되는 증거는 무시하거나 고려하지 않고 어떤 일이 틀림없는 사실이라고 생각한다.

  예) 어떤 일을 함에 있어 많은 것을 잘할 줄 알지만 여전히 나는 실패자라고 느낀다.

- 명명하기 : 자신이나 다른 사람에게 고정적, 전반적, 부정적인 이름을 붙인다.

  예) 나는 바보 멍청이며 실패자다.

- 과장/축소 : 어떤 상황을 평가할 때 비이성적으로 부정적인 측면을 강조하고 긍정적인 측면은 최소화한다.

  예) 좋은 평가를 받는다고 해서 내가 똑똑한 것은 아니다. 평범하다는 평가는 내가 얼마나 부적합한지 증명하는 것이다.

- 정신적 여과 : 전체적인 그림을 보는 대신 한 가지 작고 세세

한 것에 불필요하게 집중한다.

예) 많은 잘하는 것보다 작은 실패에 집중하여 좌절한다.

• 독심술 : 좀 더 현실적인 가능성은 고려하지 않고 다른 이들의 생각을 알 수 있다고 믿는다.

예) 내 전화를 안 받는 걸 보니 나를 싫어하는 게 틀림없다.

우리는 매일 살아가면서 내가 하고 있는 생각들이 자동적 사고의 영향을 받는지 점검할 필요가 있다. 사람들이 흔히 빠지는 사고의 함정이 있기 때문이다. 우리가 어떤 사고의 함정에 자주 빠지는지를 알고 우리 마음에 이들을 위한 예방 표식이 있다면 훨씬 더 도움을 얻을 수 있을 것이다. 더 나아가 이런 부정적인 자동적 사고들을 합리적인 사고로 바꿀 수 있다면 더 유용할 것이다.

낙관성 올리기 훈련 2 : 부정적 사고를 극복하는 자기만의 방법 찾기

자동적 사고가 삶에 미치는 영향을 최소화하기 위해 꼭 기억해야 할 훈련은 앨버트 엘리스(Albert Ellis)의 ABC 이론이다. ABC 이론은 정말 단순하지만 파워풀한 개념이다. 우리가 겪는 상황(A) 자체가 아니라 그에 대한 우리의 해석(B)이 우리에게 결정적인 영향을 미친다는 것이다. 엘리스의 합리적 정서행동 치료(REBT, Rational Emotive Behavior Therapy)는 생각 교정을 통해 더 건강하고 행복한 삶을 선택하는 훈련이다.

가장 쉬운 예가 물이 반쯤 채워진 컵에 대한 이야기다. 물 반 잔이 담긴 컵을 보고 한 사람은 '물이 반밖에 없다'고 하고, 다른 사람은 '물이 반이나 있다'고 말한다. 동일한 상황(A)에 대해 전혀 다른 두 가지 신념(B)이 있고, 이로 인해 두 사람은 다른 결과(C)를 경험하게 된다. 따라서 우리에게 중요한 것은 상황(A)이 아니라 그것을 해석한 우리의 신념(B)이고, 상황을 해석하는 신념(B)이 합리적이어야지 그에 따른 결과(C)가 긍정적일 수 있다는 개념이다.

내가 ABC 이론을 가장 많이 활용하는 순간은 운전할 때다. 운전하다 보면 정말 위험하게 갑자기 끼어드는 차나 과속을 하며 뒤에서 위협하는 차, 또는 본인이 잘못하고 오히려 적반하장으로 욕설을 하는 예의 없는 운전자들을 만나는 좋지 않은 일들이 생긴다. 그런 상황들에 맞닥뜨릴 때마다 ABC 이론을 마음속으로 차분히 적용해본다.

이 상황을 어떻게 해석하느냐에 따라 달라지는 내 기분과 몸의 반응을 생각하며 복수하겠다거나 시시비비를 가리겠다는 부정적인 해석보다는, 나름 사정이 있을 거라는 긍정적인 해석을 통해 내 갈 길을 편하게 가는 결과를 스스로 선택할 수 있음을 알고 실천한다. 부정적인 생각들을 다룰 수 있는 나만의 방법이 있다는 것이 때로는 큰 힘이 된다. 부정적인 생각을 줄이는 방법을 공부했으니 이제는 더 중요한 긍정적인 생각을 늘리는 방법을 살펴보자.

낙관성 올리기 훈련 3 : 낙천성과 낙관성 구분하기

부정적 사고를 줄이는 것보다 더 중요한 것은 긍정적 사고를 높이는 낙관성 훈련이다. 사람들은 낙관성을 무조건 잘될 것이라고 생각하는 낙천성으로 오해하곤 한다. 그러나 낙천성과 낙관성은 다른 개념이다. 다음의 상황을 고려해보면 진정한 낙관성을 이해하기가 쉬울 것이다. 방금 포로수용소에 갇힌 한 사람이 있다. 그는 언제 그곳에서 나갈 수 있을지 알지 못한다. 이때 그는 상황을 세 가지로 해석할 수 있다.

첫째, '내 인생은 여기서 끝났어. 이제 죽는 일만 남았어'라고 생각한다면 그는 비관주의자다.

둘째, '이번 크리스마스만 지나면 석방될 거야!' 그러나 크리스마스가 지나도 상황이 달라지지 않자 이렇게 마음을 고쳐먹는다. '부활절이 지나면 나갈 수 있겠지.' 이렇게 계속 잘될 거라고만 생각한다면 그는 낙천주의자다. 이렇듯 '헛되이' 기대했던 일들이 이루어지지 않을 때 반복되는 상실감은 그에게 치명적일 것이다.

셋째, 자신의 현재 상황을 수용하고, 건강한 몸으로 석방될 수 있도록 꾸준히 운동을 하고, 자신이 할 수 있는 일을 열심히 한다면 그는 낙관주의자다.

이 사례는 베트남 전쟁 당시 하노이 힐턴 포로수용소에 갇혀 있던 미군 장교 제임스 스톡데일(James Stockdale)의 실제 이야기다.

'스톡데일 패러독스'라는 말이 나올 정도로 그의 합리적이고 낙관적인 사고는 비관적이거나 낙천적인 사고를 가진 다른 동료들과 달리 끝까지 생존할 수 있는 원동력이 되었다.

이처럼 건강한 낙관성은 부정적인 면을 부인하거나 불리한 정보를 회피하지 않고, 통제 불능 상황을 통제하려는 노력을 하지 않는 것이다. 오히려 현실을 부정하지 않으면서 긍정적인 관점을 유지하고, 부정적인 측면을 무시하지 않으면서 긍정적인 측면을 더 적극적으로 인식하는 것이다. 그리고 좋은 일은 그냥 저절로 생기는 것이 아니라 좋은 일이 일어나도록 계획하고, 부단히 노력하며, 역경을 극복해나가는 과정을 통해 가능하다.

진정한 낙관주의자들도 어려운 상황이 지속되면 부정적인 생각을 떨쳐내기가 쉽지 않다. 소냐 류보머스키 교수는 이런 순간에 부정적인 생각을 극복하는 다음의 다섯 가지 질문들을 자신에게 던져보라고 제안한다.

- 이 상황이나 경험에 또 다른 의미는 없을까?
- 여기서 어떤 좋은 것을 끌어낼 수 있을까?
- 이것이 내게 어떤 기회를 주는가?
- 나는 여기서 어떤 교훈을 배워 미래에 적용할 수 있을까?
- 나는 결과적으로 어떤 강점을 개발하게 되었을까?

—《How to be happy 하우 투 비 해피》

어느 날 식당에서 음식이 나오는 동안 심심해서 주변을 둘러보다 벽에 걸려 있는 액자의 문구에 눈길이 꽂혔다. 낙관적 사고를 가진 사람을 몇 줄의 글로 간략하게 표현한 내용이 무척 마음에 들었다.

인생은 짧은 담요와 같다.
끌어당기면 발끝이 춥고
밑으로 내리면 어깨가 싸늘하다.
그러나 긍정적인 사람은
무릎을 구부려 쾌적한 밤을 보낸다.

— M. 하워드

나의 삶의 행복 더하기는 어렵거나 복잡하지 않다. 생각을 살짝 바꾸는 낙관성 훈련으로 밝고 환한 마음을 가꾸는 것이 가능하니 적극적으로 활용하여 유용함을 누리자.

감사 표현하기
훈련

감사가 가진 놀라운 힘

남아프리카 잠비아 북부 고산지대의 바벰바 부족은 반사회적인 범죄가 거의 일어나지 않는 독특한 부족 문화를 가지고 있다. 학자들은 연구를 통하여 그 놀라운 이유를 발견했는데, 그것은 범죄를 다루는 그들만의 특별한 방법에 있었다. 이 부족들은 누군가 범죄를 저지르면 그 사람을 광장 한복판에 세우고 모든 사람들이 하던 일을 멈추고 모여들어 그를 둘러싼다. 그리고 돌아가며 비난이나 돌을 던지는 것이 아니라, 그가 과거에 했던 미담, 감사, 선행의 말들을 한마디씩 쏟아낸다.

"저번에 먹을 것을 주어 감사했어요."

"저를 보고 웃어주어서 감사했어요."

"우리 아들이 다쳤을 때 옆에 있어줘서 감사했어요."

"결혼할 때 당신이 가장 기뻐해줬어요. 감사합니다."

"작년에 비 많이 왔을 때 우리 집 지붕을 고쳐주어서 고마워요."

그렇게 감사와 칭찬의 말들을 쏟아내다 보면 죄를 지은 사람은 흐느껴 울기 시작하고, 그러면 사람들이 한 명씩 다가와 안아주며 진심으로 위로하고 용서해준다. 그들의 독특한 전통은 잘못을 저지른 사람에게 착했던 과거를 깨닫게 한 후, 그가 새사람이 된 것을 인정하는 축제를 벌이고 끝을 맺는다. 정말 놀라운 지혜다. 감사로 사람을 살리고 부족을 살리는 이야기는 감사의 중요성을 다시 한 번 일깨워준다.

감사를 표현하고 느끼는 강력한 방법

긍정심리학을 연구하고 가르치면서 가장 크게 느낀 긍정의 힘이 바로 '감사'다. 많은 긍정심리학 연구들은 한결같이 감사가 우리 삶에 미치는 긍정적인 효과를 강조하고 있다. 긍정심리학의 창시자 마틴 셀리그만도 그가 진행한 다양한 연구에서 꼭 빠뜨리지 않고 언급하는 것이 감사의 효능이다.

그는 대학의 긍정심리학 강의에서 감사와 연관된 세 가지 실습을 꼭 추천하고 학생들에게 직접 실천할 기회를 제공하고 있다. (《긍정 심리학》, 물푸레, 2006)

첫째, '감사의 밤' 행사를 가진다. 학생들은 이 행사에서 정말 감사했지만 마음을 표현하지 못했던 한 명을 초청하여 감사의 마음을 전달한다. 이 행사는 모든 것을 비밀에 부치기에 초청받은 사람은 영문을 모르고 참석한 모임에서 뜻밖의 감사를 받게 되고, 전달하는 감동적인 감사 사연으로 인해 '감사의 밤' 행사는 늘 벅찬 기쁨이 흘러넘친다. 마틴 셀리그만은 굳이 감사의 효과를 검증하는 실험의 필요성을 느끼지 않을 정도로 '감사의 밤'이 주는 효과가 크다는 점을 강조한다.

둘째, 감사 편지를 쓰고 전달하는 것이다. 살면서 고마웠으나 미처 고맙다는 인사를 하지 못했던 사람을 떠올리고 감사 편지를 쓴다. 감사 편지의 내용은 그 사람이 어떻게 나를 도왔는지, 그리고 내가 어떤 생각과 감정을 경험했는지 자세히 쓴다. 글이 완성되면 고마움을 전달할 사람에게 찾아가 직접 얼굴을 대면하여 감사 편지를 읽어주고 전달한다.

셋째, 매일 감사 일기 쓰기다. 날마다 자신이 감사하고 싶은 일을 세 가지에서 다섯 가지 정도를 감사 노트에 기록한다. '아침에 맛있는 밥을 차려주신 엄마가 계신다는 것이 감사하다', '운동을 하고 땀을 흘렸더니 상쾌했다', '날씨가 화창해서 기분이 좋았다' 등 작고 평범한 감사하는 일들을 찾아 일기에 기록한다.

나도 마틴 셀리그만이 추천하는 감사 활동들 중에서 '감사 일기 쓰기'와 '감사 편지 전달하기'를 매 학기 긍정심리학 강의를 수강하는 학생들과 함께 실천하고 있다. 소소하게 감사한 일들을 찾아 적는 감사 일기 쓰기로 기대 이상의 효과를 경험한 학생들의 감동적인 발표들을 통해, 감사의 효과를 강조한 긍정심리학 연구 결과들이 실제 눈앞에서 동일하게 일어나는 신기한 경험을 하게 된다.

내가 경험한 감사의 효과

몇 년 전 지역사회에서 성인들을 대상으로 감사 일기 쓰기 모임을 진행한 적이 있다. 감사 일기를 위한 특별한 노트를 마련하고 지원자를 모집하여 한 달 동안 감사 일기를 쓰게 하고 한 달 후 그 경험을 공유하는 행사였다.

오리엔테이션을 마치고 참여를 원하는 사람들에게 노트를 나눠준 후 뒷정리를 하고 있는데 한 노부인이 나에게 다가왔다. 우울한 얼굴에 몸이 불편해 보이는 그분은 슬픔 가득한 표정과 목소리로 나에게 말을 건넸다.

"강사님, 저는 감사 일기 쓰기 모임에 참여하고 싶지만 감사 노트에 쓸 말이 전혀 없을 것 같아 너무 슬프네요."

그녀는 최근에 사랑하는 남편과 사별했고, 하나밖에 없는 아들은 사이가 좋지 않아 집에 잘 들어오지 않는다고 했다. 남편이 남긴 큰 집은 여기저기 고장이 나서 고칠 데가 많은데 고칠 힘도 없고 돈도 없어 걱정이 태산이라고 하소연을 했다. 설상가상으로 얼마 전부터 허리가 많이 아프기 시작했는데 도와주는 사람도, 위로해주는 사람도 없어 더 슬프고 힘이 든다며 눈물을 흘렸다.

그녀의 이야기를 듣다 보니 정말 감사할 일이 없어 감사 일기를 쓸 수 없다는 그녀의 말에 나도 깊이 공감되었다. 하지만 그런 상황에서도 감사가 그녀의 삶에 희망을 줄 수 있을 것 같아 격려와 위로의 말을 건넸다.

"정말 힘들고 어려운 상황에 처하신 것은 사실이지만 그럼에도 불구하고 매일의 삶에서 일어나는 작은 감사들을 찾아보시면 좋겠습니다. 하늘이 파란 것도, 꽃이 예쁘게 핀 것도, 다른 곳이 더 아프지 않은 것 등 감사한 일들을 찾아서 노트에 적어보세요. 그것으로 충분합니다. 제가 노트를 선물로 드릴 테니 한 달 후에 꼭 좋은 결과가 있길 바랍니다."

한 달 후 감사 일기 경험을 나누는 시간에서 단연 주인공은 바로 그 노부인이었다. 상황은 여전히 변하지 않았지만 감사 일기를 날마다 꾸준히 쓰면서 '자신이 행복한 사람'이라고 말하는 그녀의 담담한 고백에 많은 참석자들이 감동의 눈물을 흘렸다.

그녀는 작은 감사들이 이어지면서 지독한 허리 통증이 줄어들었고, 아들을 대하는 태도가 바뀌었으며, 기대하지 않았던 이웃들이 와서 집을 고쳐주는 기적들이 일어났다고 했다. 투박하게 적은 감사들이 모여 죽고만 싶었던 나날들에서 살아갈 이유를 찾게 된 기적 같은 그녀의 반전 스토리를 들으며, 감사 일기는 다사다난한 우리 삶의 '만병통치약'이라는 생각이 들었다.

감사의 전인적인 효과

긍정심리학의 다양한 연구들을 통해 감사의 광범위한 효과들이 밝혀졌다. 아밋 아민(Amit Amin) 박사는 40편의 연구를 분석하고 감사가 가져다주는 혜택들을 정서(Emotion), 성격(Personality), 사회성(Social), 건강(Health), 경력(Career) 영역으로 분류하여 정리했다. 나의 경험을 통해서도 이런 다양한 효과가 있음을 알 수 있었다(happierhuman.com/benefits-of-gratitude).

내가 경험한 감사의 가장 강력한 효과는 우울증이 줄어들고 행복도가 올라가는 정서적 효능이다. 긍정심리학 연구에서 사람은 긍정적인 감정과 부정적인 감정을 동시에 경험하기 어렵기 때문에 긍정적인 감정을 떠올리는 것만으로 부정적인 감정을 덜 느끼게 된다는 것을 발견했다.

우리가 행복을 느끼면서 동시에 화를 내는 경우는 흔치 않다는 것을 생각해보면 이해될 것이다. 기쁨, 행복 등 긍정적인 감정을 많이 느낄수록 스트레스로부터 회복하는 탄력성도 높아진다. 그리고 어려움이나 역경을 잘 극복하면 다시 긍정적인 감정을 더 많이 느낄 수 있기 때문에, 궁극적으로 행복감이 커진다.

내가 진행하는 긍정심리학 수업에서는 우울, 행복, 회복탄력성 검사를 매 학기 처음과 마지막에 실시하여 학생들 스스로 변화를 체험하게 한다. 학기 초에 검사한 결과를 보관하고 있다가 학기 말에 동일한 검사를 하고 직접 점수를 비교한 후에 소감을 적어보라고 하면 많은 학생들이 검사 결과가 호전되었다고 보고한다. 그리고 그 이유 중 하나로 감사 일기 쓰기를 지목한다. 반대로 점수 차이가 없거나 떨어진 학생들도 있다. 그들도 규칙적으로 해야 하는 감사 일기 쓰기를 소홀히 했다고 고백함으로써 감사가 미치는 영향의 중요성을 알게 된다.

감사 일기는 건강에도 영향을 준다. 감사가 가져다주는 신체적인 변화들 중에는 스트레스 완화로 인한 면역력 증가, 통증 완화 및 숙면 등의 효과가 있다. 이런 효과들 중 개인적으로 가장 흥미로운 사실은 감사 일기 쓰기를 통한 불면증 치료 사례들이다. 한국뿐만 아니라 외국에서 짧은 기간 진행한 세미나에서도 불면증 치료 사례를 보고하는 사람들을 만난 적이 있다.

몇 년 전 몽골 울란바토르에서 일주일 동안 플러스 라이프 세미나를 진행했다. 매일 저녁 일반인들을 대상으로 세미나를 진행하며 감사 일기 쓰기 과제를 내주었다. 그리고 강의를 시작하기 전에 참가자들이 전날 강의에서 들었던 내용을 하루 동안 적용한 사례들을 나누게 했다. 세미나가 끝나가던 어느 날 한 할머니가 손을 들고 나와 몽골어로 자신의 경험을 열정적으로 이야기하자 참가자들이 환호성을 올리며 박수를 보냈다. 무슨 사연인지 통역으로 들어보니 세미나에 참석해 감사 일기를 쓰고서 그녀를 괴롭혔던 불면증에서 해방되었다는 경험을 이야기했다는 것이었다.

한국에서는 3개월 동안 진행된 교육에서 일어난 것과 동일한 효과가 몽골에서는 일주일도 되지 않는 짧은 기간에 일어났다는 점이 흥미로웠다. 무엇보다 현대의학으로도 치료가 어려운 불면증이 감사 일기를 쓰는 단순한 행동 수정을 통해 일어난다는 연구 결과를 실제로 목격하고 신기했다. 한국, 몽골, 호주 등 다양한 장소와 다른 시간, 다른 사람들을 대상으로 진행한 세미나를 통해 비슷한 사례가 쌓여가면서 감사 일기의 효과에 대한 깊은 확신을 가지게 되었다.

"다른 사람이 나에게 어떤 도움이 되었는지 인정하고 말과 행동으로 고마움을 표현하는 것"

이 문장은 '좋은나무성품학교'에서 만든 '감사'의 정의다. 이 문장을 잘 들여다보면 감사는 세 부분으로 이루어져 있다.

- 감사는 우리가 어떤 도움을 받았는지 먼저 그 수혜를 인식하는 것으로 시작된다.
- 내가 받은 도움이 나에게 어떤 선한 영향을 끼쳤는지 인정하는 것이다.
- 고마움을 느끼는 데서 그치지 않고 말과 행동을 통해 마음을 구체적으로 표현할 때 완성된다.

지금까지 우리가 해온 감사는 많은 경우 반쪽에 머무른 경향이 있다. 더 온전한 감사를 위하여 위의 세 가지 요소를 잘 기억하고 실천하는 훈련이 필요하다. 그리고 감사를 잘하는 사람을 지켜보면 다음과 같은 그들만의 독특한 생각의 방식이 있다는 것을 알 수 있다.

첫째, 감사를 잘하는 사람은 삶을 바라보는 눈이 넓다. 그들은 자신의 힘으로 살아가는 것이 아니라 많은 사람들과 다양한 요소들이 자신의 삶에 기여하고 있다는 것을 인식한다.

둘째, 감사를 잘하는 사람은 자신의 입장에서만 생각하지 않고 나를 향한 다른 사람의 호의와 헌신과 배려를 상대의 입장에서 이해한다.

셋째, 감사를 잘하는 사람은 삶의 부정적인 면보다는 긍정적인 면들을 더 많이 보고 감사의 조건을 잘 찾아낸다.

넷째, 감사를 잘하는 사람은 매일의 삶에서 자신에게 주어지는 것들이 당연한 것이 아니라 과분하다고 생각하고 겸손한 마음을 가진다.

다섯째, 감사를 잘하는 사람은 삶 자체가 선물이라고 생각하며 자신보다 더 큰 존재가 언제나 자신을 지켜주고 많은 것들을 공급해준다는 영적 시각을 가지고 있다.

감사를 잘하는 사람에 대해 생각하다 보니 예전에 들은 감동적인 이야기가 떠올랐다. 어느 중학교 국어 시간에 선생님이 학생들에게 '내가 다시 태어난다면'이라는 주제로 글짓기 과제를 내주었다. 선생님은 글을 쓰고 있는 학생들 사이를 지나다니며 보시다가 한 학생에게 눈길이 머물렀다. 그는 몸이 많이 불편해 휠체어에 의지하지 않으면 안 되는 학생이었다. 그 학생에게 다가간 선생님은 그의 글을 보고 깜짝 놀랐다. 선생님의 예상을 뛰어넘는 글을 적은 것이었다.

선생님은 그 학생이 다시 태어난다면 몸이 불편하지 않은 건강한 사람으로 태어나면 좋겠다는 글을 쓸 거라고 예상했는데 그 학생은 "다시 태어난다면 내 어머니의 어머니로 태어나고 싶다. 그래서 이 세상에서 내가 받은 고마움을 어머니의 어머니가 되어서 무조건 보답하면서 살고 싶다. 이 세상에서 내가 어머니의 고마움을 보답하는 건 너무나 힘들기에 제발 다음 생에서는 내 어머니의 어머니로 태어나서 그 무한한 사랑을 갚고 싶다"고 쓴 것이다.(송정림, 《참 좋은 당신을 만났습니다》, 나무생각, 2017)

감사 표현하기 훈련 : 삶을 변화시키는 일곱 가지 감사 방법

감사를 잘하는 사람들은 그들만의 독특한 향기와 컬러를 가지고 있다. 하지만 우리에게도 희망은 있다. 이런 감사 성향은 훈련을 통해 기를 수 있기 때문이다. 긍정심리학자들이 추천하는 최고의 감사 훈련 방법은 감사 일기를 쓰는 것이다. 인생 반전의 주인공이었던 오프라 윈프리도, 내가 만났던 많은 내담자와 학생들도 작고 평범한 감사를 적어나가는 일을 꾸준히 할 때 놀라운 삶의 반전을 경험할 수 있었다. 삶을 변화시키는 일곱 빛깔 무지갯빛 감사 일기 훈련을 실천해보자.

- 빨강 : 감사의 조건을 적을 수 있는 노트나 앱을 마련한다.
- 주황 : 한 줄이라도 좋으니 날마다 그리고 언제 어디서든 감사한 일들을 기록한다.
- 노랑 : 작고 사소한 감사라도 놓치지 말고 기록하고, 구체적인 감사의 이유를 남긴다.
- 초록 : 감사를 말과 행동으로 표현했을 때 상대방의 반응도 적어본다.
- 파랑 : 감사 일기를 정기적으로 공유할 수 있는 모임을 만들고 피드백을 받는다.
- 남색 : 내가 쓴 감사 일기를 정기적으로 돌아보며 어떤 변화가 있는지 살펴본다.
- 보라: 감사 일기를 함께 쓰는 사람들과 특별한 행사인 '감사의 축제'를 기획한다.

빨간 감사 노트의 소중한 추억

나의 감사 일기 쓰기는 아주 소소한 일에서 시작되었다. 지금은 군 복무 중인 아들이 어렸을 때, 어린이집에 데려다주는 길에 해준 한마디 말이 너무 소중해서 간직하고 싶은 마음에 감사 일기를 적기 시작했다. 그 시절에는 핸드폰이 없어 그 자리에서 비디오를 찍거나 녹음을 할 수 없었기에 아들의 소중하고 예쁜 말을 잊기 전에 글로 남기고 싶어 빨간 노트를 사고 당시의 행복하고 감사한 마음을 기록한 것이 계기가 되었다. 긍정심리학을 알기 전, 감사 일기의 과학적 효과를 배우기 훨씬 전에 우연히 시작된 나의 감사 일기가 어쩌면 긍정심리학과 인연을 맺도록 인도했는지 모른다.

이처럼 내가 하고 있는 실천과 이론이 만나 행복이라는 선물을 준 계기가 감사 일기다. 나는 직접 체험한 감사 일기의 긍정적인 효과를 매 학기 학생들과 공유하며 함께 쓰도록 격려하고 있다. 그 결과 학생들도 좋은 경험을 하는 것을 알 수 있다.

수업을 들은 지 오래된 학생이지만 과제에 그치지 않고 지금까지 매해 자신이 적은 감사 일기를 나에게 보여주며 검사를 맡는 학생이 있다. 그녀를 성장시켜온 감사 일기의 효과를 매해 들을 때마다 이 일을 시작한 것이 얼마나 큰 축복인지 새삼 느끼게 된다.

강점 발견하기 훈련

저마다 어울리는 꽃 이름이 있다

나는 4녀 1남의 딸 부잣집 첫째 딸이다. 가족 이야기를 하면 사람들은 내가 마음고생을 많이 하며 자랐을 거라는 표정을 짓는다. 아들을 낳지 못하는 집안의 첫째 딸로서 제대로 대접받지 못했을 것이라 지레짐작하는 것 같다. 하지만 실상은 전혀 달랐다. 부모님의 깊은 마음은 어땠는지 모르지만 두 분은 늘 아들보다는 딸들을 더 귀하게 대접해주셨다.

그런 엄마의 마음 표현 중 하나가 네 딸들에 대한 엄마의 바람을 담은 개성 있는 꽃 이름을 별명으로 지어준 것이었다. 백합처럼 고귀하고 진중한 큰딸, 목화처럼 예쁘고 유용하게 쓰임받는 둘째 딸, 장미처럼 아름답고 향기가 고운 셋째 딸, 난초꽃처럼 우아하고 지적인 넷째 딸. 세월이 흘러 돌아보니 엄마가 지어준 꽃 이름대로 살아가고 있는 우리 자매들을 보게 된다. 각자의 강점에 맞는 꽃 이름을 지어주고, 그 꽃의 아름다움과 가치를 자신과 동일시하도록 격려했던 엄마의 지혜로운 양육법은 신의 한 수였던 것 같다. 부모님의 강점 중심 양육법은 우리의 긍정적인 자존감의 근원이 되었고 세상을 밝고 희망차게 볼 수 있게 했다.

> 백합은 장미처럼 되려고 노력해서는 안 된다. 꽃과 과일의 모양이 각기 다르고 구별되지만 그들의 특이한 다른 점은 모두 하나님에게서 비롯된다. 그러므로 사람들의 가장 좋은 것들조차도 모두 동일한 특성을 지니지 않도록 하는 것이 주님의 계획이다.
>
> — 엘렌 G. 화잇, 《마음의 건강 풍요로운 삶, 2권》, KPH BOOKS, 2008.

어느 날 책을 읽다가 위의 구절이 마음에 깊이 다가왔다. 백합이라는 이름을 가진 나는 아무리 노력해도 장미인 셋째 동생처럼 될 수 없다. 아름다운 꽃들도 자신만의 독특한 향기와 모양을 가지고 있듯이, 우리도 각기 다른 고유한 강점을 지닌 존재들이다. 이 세상 모든 사람들은 강점을 가지고 있지만, 자신의 강점을 인식하지 못하는 사람들은 많다. 중요한 것은 각자의 강점을 인식하고 그 강점을 활용하는 삶을 살아가는 것이다.

우리는 왜 강점보다 약점에 집중할까

나에게 상담을 받으러 오는 많은 내담자들에게는 공통된 특징들이 있다. "인생에서 진짜 비극은 천재적인 재능을 타고나지 못한 것이 아니라 이미 가지고 있는 강점을 활용하지 못하는 것이다"라는 벤저민 프랭클린의 말처럼, 자신의 강점에 집중하기보다는 가지고 있지 못한 자신의 약점에 더 집중하고 더 많은 에너지를 쓴다는 것이다. 그들의 특징을 다음과 같이 간추릴 수 있다.

- 여기저기 흩어져 있는 문제들을 모아 큰 문제로 만들며 힘들어한다.
- 자신이 할 수 있는 것보다 할 수 없는 것에 집중하며 괴로워한다.

그래서 상담 초기에 내가 반드시 하는 작업은 내담자의 문제를 정확하게 정의하고, 문제를 극복한 과거의 성공 경험을 발견하며, 그 성공에 기여한 강점을 함께 찾는 것이다. 삶이 괴롭고 힘든 이유는 문제 때문이 아니라 문제를 다루는 방식에 있다. 특히 자신의 강점보다는 약점에 집중하는 태도가 그 원인일 수 있다.

긍정심리학의 창시자 마틴 셀리그만은 행복한 삶을 크게 세 가지 영역으로 나눈다. (《긍정 심리학》, 물푸레, 2006)

첫째, 좋은 삶(Good Life)이다. 자신의 특징적인 강점을 활용하면서 삶의 여러 중요한 영역에서 만족을 얻는 삶이다.

둘째, 충만한 삶(Full Life)이다. 과거, 현재, 미래에 대해 긍정적인 태도를 갖고, 강점을 활용하여 풍성한 삶을 향유하는 것이다.

셋째, 의미 있는 삶(Meaningful Life)이다. 자기보다 더 크고 중요한 어떤 것을 위해서 특징적인 강점을 사용하며 기여하는 삶이다.

이 행복한 삶의 핵심은 강점을 찾아 삶에 잘 적용하는 것과 깊은 연관이 있다. 그런데 아이러니한 것은 많은 내담자들과 학생들이 자신의 강점을 찾는 것을 힘들어한다는 사실이다.

긍정심리학 수업에서 학생들에게 백지를 주며 자신의 강점과 약점을 적어보라고 하면 학생들은 백지의 절반을 가득 채우는 약점과 달리 강점에 대해서는 몇 줄을 쓰고 나면 망연자실해 한다. 이런 학생들을 위해 객관적인 검사를 통해 강점을 찾을 수 있도록 도와주겠다고 제안하면 놀라워하며 '그런 검사도 있냐'고 반문한다. 그리고 검사를 통해 강점을 찾고 강점 훈련을 진행하면 학생들은 마치 신비로운 경험을 한 듯 신기해한다.

강점을 찾아주는 객관적인 도구들

고대부터 인간의 강점과 덕성에 대한 높은 관심이 있었고 이것을 개발해야 한다는 필요성에 대한 논의들은 지속되어 왔다. 하지만 개인이 가진 독특한 강점들을 구체화하고 그것을 찾아주는 심리검사 도구가 개발되기 시작한 것은 2000년 이후로 꽤 최근의 일이다.

현재 우리가 활용할 수 있는 인간의 강점을 측정하는 두 개의 유명한 척도가 있다.(톰 래스, 도널드 클리프턴, 《위대한 나의 발견 강점혁명》, 청림출판, 2017) 그중 하나는 심리학 교수이자 갤럽의 전 대표였던 도널드 클리프턴(Donald Clifton)의 '강점 발견하기'(Clifton Strengths Finder)다. 그는 강점을 한 사람의 재능과 관련된 지식, 기술, 노력의 결합으로 보았다. 이 검사는 178개의 문항으로 이루어져 있고, 검사 후 성취, 돌봄, 신뢰, 자신감, 관계, 미래 지향성 등 34개의 강점 테마 중에서 개인의 내적 성장을 촉진하기 위한 '다섯 가지 대표 테마'가 제공된다.

다른 하나는 크리스토퍼 피터슨(Christopher Peterson)과 마틴 셀리그만이 주도하여 만든 강점 분류 체계인 'VIA'(Values in Action, Peterson & Seligman, 2004)검사다. 이 검사는 정신 질병을 진단하는 데 사용되는 정신과 진단 및 통계 편람(DSM-V)과는 정반대로, 강점과 잠재력을 찾기 위해 만들어졌다. 그들은 덕성과 강점에 대한 수십 개의 척도를 검토한 뒤에 지혜·지식, 용기, 자애, 정의, 절제, 초월 등 6개 핵심 목록 아래 24개의 하위 강점 목록을 도출했다. 총 240문항으로 이루어져 있으며 5개의 대표 강점을 알려주고 활용할 수 있도록 격려한다. 현재 한국에서는 권석만 교수와 그의 동료들이 번역하여 'CST 강점 검사'라는 이름으로 사용되고 있으며 나는 수업에서 이 검사를 활용하고 있다.

나의 'CST 강점 검사' 결과 중 가장 높게 나온 항목은 자애 덕목의 하위에 있는 '사랑'이다. 공교롭게도 내 꽃 이름 백합의 꽃말도 '순수한 사랑, 깨끗한 사랑'이다. 내가 상담을 하고 학생들을 가르치고 주말에 다양한 봉사활동을 하면서도 몸은 피곤하지만 마음이 즐거운 이유는 나의 강점인 사람들을 '사랑'하는 일을 하기 때문이다. 내가 좋아하는 단어가 '사람 사랑'인 이유도 깨닫게 되었다. 행정이나 업무보다 사람을 대상으로 하는 일을 할 때 에너지가 솟는 이유도 바로 강점 중심의 삶을 살고 있기 때문이다.

엄마가 나의 강점을 잘 알려주는 이야기라며 들려주신 어린 시절의 한 추억이 있다. 유치원 미술 시간에 다른 친구들은 다 끝나고 나가서 노는데 나만 혼자 끝까지 남아 그림을 그리고 있었다. 딸기를 그렸는데 다른 친구들은 하나만 크게 그린 반면 나는 도화지 이쪽 끝에서 저쪽 끝까지 한가득 딸기를 그리느라 끙끙대고 있었다.

선생님이 다가와서 왜 이렇게 딸기를 많이 그리냐고 묻자 어린 꼬마였던 나는 "집에 식구가 많고 다 같이 나눠 먹어야 하기 때문에 많이 있어야 한다"며 끝까지 딸기 그림을 완성하였다. 이처럼 강점은 어린 시절에 발현되어 성인이 되기까지 쭉 이어지는 경향이 있다. '될성부른 나무는 떡잎부터 알아본다'는 속담도 강점 측면에서 의미 있는 표현이다. 우리 안에 있는 강점들을 일찍이 알아보고 활용할 수 있도록 돕는 일이 중요하다.

강점 훈련 수업에서 검사 결과를 공개하기 전에 스스로 강점을 찾아서 쓰라고 했을 때는 잘 기억나지 않는다고 했던 학생들이 검사 결과지를 주고 피드백을 쓰라고 하면 자신의 대표 강점과 연관된 이야기들을 기억해내고 강점과 자신을 동일시하는 작업을 시작하는 것을 볼 수 있다.

이런 현상은 우리가 강점 중심의 삶을 살기보다는 약점 보완 중심의 삶을 살아가고 있음을 잘 보여준다. 강점이 없는 것이 아니라 찾는 방법을 몰랐던 것이다. 우리 속에 있는 강점은 발견되어야 할 보물처럼 어둠 속에 숨겨진 채 빛이 비추길 기다리고 있는 존재이다.

강점 발견하기 훈련 : 강점 찾기 기술 개발하기

강점 중심의 삶을 살기 위해 우리 자신을 훈련한다면 어떤 방법들이 있을까?

다른 사람과의 비교를 멈추고 나의 강점에 집중하라

나의 강점이라고 생각되는 요소도 나보다 더 잘하는 사람을 떠올리면 강점이 아니라는 생각이 든다. 강점은 남보다 내가 더 잘하는 것이 아니라 내가 더 편하고 즐겁게 할 수 있는 일이다.

좋아하는 일을 강점으로 활용하라

나의 강점은 내가 좋아하는 일 속에 숨어 있는 경향이 있으므로 좋아하는 일을 강점으로 활용하면 좋다. 이런 의미에서 덕후들을 주목할 필요가 있다. 그들은 몰입하는 관심의 대상에 대해 정말 많은 것을 알고 있다. 자신이 관심을 갖는 영역에 대한 강한 애정으로 자신도 모르는 사이에 전문가 수준의 능력을 갖게 된다.

TV에서 충청도 사투리가 걸쭉한 남자 고등학생을 본 적이 있다. 나이는 어리지만 농사일을 너무 좋아하고 그 분야에 전문적인 지식과 경험을 많이 가지고 있는 모습을 보고 참 신기했다. 처음에는 특이한 학생이라고만 생각했는데 그 후에 보니 대통령을 만나 농업에 대한 자신의 의견도 피력하고, 농업 분야 모임에 패널로도 참석하는 등 다양한 활동을 하고 있었다. 자신만의 강점으로 미래를 열어가고 있는 모습이 참 대견해 보였다. 이 학생처럼 강점은 자신이 좋아하는 일일 확률이 높다.

강점의 그림자를 걷어내라

강점에는 그림자가 존재하므로 강점의 그림자를 걷어내고 볼 필요가 있다. 이를 위해서는 '뒤집어 보기'를 활용하면 좋다. 나는 긍정심리학 수업 시간에 학생들에게 강점을 쓰고 뒤집어 보며 문제점을 찾아보라고 한다. 그다음으로 약점도 적고 뒤집어 보며 자신에게 좋은 영향을 미치는 점이 없는지 면밀히 살펴보라고 한다. 그리고 최종적으로 '뒤집어 보기' 활동을 하면서 느낀 점을 조원들과 함께 공유해볼 것을 권한다.

'뒤집어 보기' 활동은 말 그대로 자신의 강점이나 약점을 뒤집어서 살펴보는 것이다. 예를 들어 '다양한 것에 관심이 많다'라는 강점에는 '하나의 일을 끝까지 해내지 못한다'라는 그늘이 있을 수 있다. 이런 상황에서 우리는 다양한 것에 관심을 갖고 있는 강점보다 일을 끝까지 잘 마무리하지 못하는 약점에 더 집중하는 경향이 있다. 하지만 그 그늘을 살짝 밀어내보며 다양한 관심으로 인해 융합적이고 창조적인 아이디어를 낼 수 있는 훌륭한 강점이 숨어있는 것이다. 이 활동을 통해 학생들은 예전에 알지 못했던 새로운 강점을 발견하기도 하고, 강점을 축소하고 약점을 확대하는 자신들의 성향을 명확히 인식하는 계기가 되었다고 고백한다.

강점위원회를 구성하라

주변에 있는 지인들과 함께 '강점위원회'를 구성한다. 내가 볼 수 없는 강점을 말해줄 수 있는, 나를 아끼고 사랑하는 사람들을 찾아 그들의 멘토링을 받는 것이 필요하다.

나 자신은 볼 수 없고 알 수 없는 면을 대신 찾아주고 알려줄 수 있는 사람들이 있다. 나의 어릴 적 추억 속에서 강점을 찾아줄 수 있는 가족들, 학창 시절 동안 나와 동고동락했던 친한 친구들, 직장 생활을 하며 단맛과 쓴맛을 함께 경험한 가까운 동료들, 신앙 공동체나 동아리 모임에서 만나 나의 내밀한 이야기를 공유한 사람들에게 그들이 관찰한 나의 강점이 무엇인지 물어보면 '내가 알지 못했던 나'를 만나게 될 것이다.

강점 일기를 써라

매일 하루를 돌아보며 나에게 일어난 일들 중에 숨어 있는 나의 강점을 찾아보는 것이다. 처음에는 쓸 말이 없을 수 있지만 매일 찾다 보면 강점이 보일 것이다. 딸이 막 말을 하기 시작했을 무렵, 아이의 긍정성을 길러주고 싶은 마음에 매일 저녁 잠자리에서 하루 중 있었던 즐거운 일을 찾아 나누는 시간을 가졌다. 그러던 어느 날 점심 식사 초대에 딸과 함께 가게 되었고, 식사 후에 후식을 먹을 시간이 부족해 초대해준 분이 아이스크림을 포장해서 딸에게 선물로 주었다.

딸아이가 아장아장 걷는 걸음으로 식당 계단을 내려오며 '엄마, 오늘 밤엔 자기 전에 이 이야기를 할 거야'라고 말하는 것을 듣고 깜짝 놀랐다. 매일 밤 우리 가족의 긍정 찾기 습관이 아이에게 하루의 삶 속에서 긍정을 찾아 저장하는 행동을 하도록 훈련하고 있었던 것이다. 이와 같이 강점 일기 쓰기는 예전에는 무심히 놓쳤던 일상의 강점들을 더 크고 잘 보이도록 할 것이다.

강점 중심의 삶이 알려주는 공동체의 중요성

학생들이나 내담자들과 함께 강점 중심의 삶을 사는 방법을 찾다 보면 한 가지 특징을 발견하게 된다. 그들은 자신의 강점을 이야기하면서도 강점의 그림자인 약점을 더 강조한다는 것이다.

예를 들어 "자신은 큰 그림을 보는 안목은 있는 반면 업무를 꼼꼼히 챙기는 것을 잘하지 못한다"며 강점보다는 약점에 더 초점을 맞춘다. 그 그림자 때문에 장점인 큰 그림을 보는 안목을 부정적으로 해석하는 경향이 있다. 우리 각자는 강점과 더불어 약점을 가지고 있다. 그런데 지금까지 우리는 강점을 활용하기보다 약점 보완에 집중하는 선택을 더 자주 해왔다. 하지만 이것은 좋은 선택이 아니다. 강점을 활용하는 더 나은 방법은 나의 약점을 보완해줄 사람들을 찾아 좋은 팀워크를 이루는 것이다. 나의 약점을 혼자 고민하기보다 나의 약점을 보완해줄 수 있는 다른 강점을 가진 사람을 찾아서 그들과 팀워크를 이루어 아름다운 협력을 일구는 데 더 열중할 필요가 있다.

지나온 삶을 돌아보니 내가 좋아하고 나와 가장 친한 사람들은 나와 정반대 유형의 사람들이었다. 남편과의 결혼을 결정하고 주위에 알렸을 때, 우리 둘을 잘 아는 지인들의 반응은 너무 다른 조합에 대한 '의아함'이었다. 그리고 남편에게 나의 가장 친한 친구들을 소개했을 때, 남편은 친구들의 분위기가 나와 많이 다르다며 신기해했다. 지금까지 내 삶의 행복에 크게 기여해온 사람들은 나와 다른 강점을 가지고 나의 약점을 잘 보완해준 소중한 존재들이다.

'나다움' 찾기 훈련

한 권의 책이 될 사람

"저기 걸어간다 한 권의 책이 될 사람."

이 글귀는 내가 근무하는 대학의 한 미대 교수님이 학생들에게 희망의 메시지를 주시기 위해 직접 만든 플래카드 중 내 마음에 가장 깊은 여운을 남긴 문구다.

아침저녁 출퇴근을 하며 이 문장을 읊조리다 보면 스쳐 지나가는 학생 한 명 한 명이 새롭게 보였다. 내 삶을 써 내려간 책은 사람들에게 어떤 여운을 남길지 상상해보며, 삶이 던져주는 묵직한 질문인 '어떻게 살아야 하는가?'로 생각이 이어졌다. 평생 동안 의미 있는 삶에 대한 연구를 해온 시인이자 철학자인 박이문 교수는 어떤 삶이 정답인지 알 수 없지만 한 가지 확실한 것은 우리 모두는 '자신의 삶이라는 소설의 작가이고 주인공'이라고 하였다.

두 교수님이 던져주신 명확한 화두는 '내 인생이라는 책의 저자이자 주인공으로서의 나'이다. 어떤 인생이 참다운 인생이고 뜻있는 삶인가는 어느 누구도 결정할 수 없지만 우리에게 주어진 삶을 어떻게 시작해서 어떤 결말을 이끌어낼 것인가 하는 것은 우리 자신에게 달려 있다.

어떤 삶이든 좋은 일과 나쁜 일이 있다. 그 비율이 다 다르기는 하지만 좋고 행복하기만 한 삶은 없고 모든 삶이 저마다 어렵고 힘들다. 하지만 모든 사람들이 힘들게만 살지 않는 것도 사실이다. 주어진 시간과 조건, 환경 안에서 나만의 스토리가 만들어지고 그 결과로 내 삶은 한 권의 책으로 엮어지고 누군가에게 읽혀지고 여운을 남길 것이다. 지금 이 순간도 우리는 작가가 되어 내 인생이라는 책의 한 챕터를 써 내려가고 있다. 나는 어떤 작가이자 주인공인가?

나다움을 찾아가는 길

우리 집안에는 쌍둥이가 여러 명 있다. 친가에는 여자 쌍둥이 사촌동생들이 있고, 외가에는 남자 쌍둥이 사촌동생들이 있다. 그리고 조카들 중에도 쌍둥이가 2쌍이나 있다. 총 4쌍의 쌍둥이들의 삶을 지켜보며 내게 각인된 쌍둥이의 개념은 닮은 꼴이라고 하기에는 너무 다른 존재라는 사실이다.

일란성쌍둥이지만 각자 다른 이유는 유전자보다 독자적인 삶의 경험이 더 영향을 미치기 때문이다. 그러므로 독창적인 자신의 삶의 경험들은 우리 각자를 세상에서 하나뿐인 소중한 존재로 만들어준다. 현재의 나는 나의 유전자와 내가 살아온 날들이 만들어낸 유기적인 합성체다.

어린 시절 우리는 부모의 유전자를 선택할 수도 없었고, 나의 경험들을 조율할 수도 없었기에 무조건적으로 만들어지는 자신을 받아들일 수밖에 없다. 그리고 수동적으로 경험하는 이러한 자기 개념은 내적 작동 모델이 되어 이후의 삶을 엮어가는 재료가 된다.

인생 초반기의 우리는 나도 모르는 사이에 만들어진 자기 개념이 조종하는 운전대가 이끄는 수동적인 삶을 살 수밖에 없다. 이런 불평등한 상황을 해결할 수 있는 시간이 '나다운 나를 찾는 시간'이다. 이 기회를 제대로 잡고 활용한 사람과 그렇지 않은 사람의 삶은 하늘과 땅처럼 엄청난 차이가 있다.

두뇌 발달이 완성되어 추상적인 사고가 가능해지고 부모로부터 심리적으로 독립하는 시기에 우리는 '나는 누구인가'라는 정체성 문제를 고민하게 된다. 때로는 반항하고 방황하면서 찾아가는 나다움은 이후의 삶을 해석하는 도식(스키마, Schema)을 생성하게 되어 직업이나 배우자 선택 등 삶의 선택에 중요한 자산이 된다.

하지만 입시 지옥에 시달리는 요즘의 청소년들은 성적과 경쟁에 몰두한 나머지 가장 중요한 이 질문에 대한 답을 찾을 시간과 기회를 갖지 못하고, 성적에 맞춰 미래를 디자인하다 보니 대학에 와서 방황하는 학생들이 많다. 적성에 맞지 않는 전공으로 고민하는 학생들, 고등학교와 달리 다양한 사람들을 만나 어울려야 하는 관계가 부담스러운 학생들, 사랑받고 사랑하는 것이 가장 어렵다고 하며 사랑에 실패하는 학생들, 이들에게 꼭 필요한 일은 '나는 누구이며 어떻게 살아야 하는가?'라는 중요한 질문에 대한 대답을 발견하는 것이다. 이 소중한 인생의 통과의례를 위해 필수불가결한 요소들은 다음과 같다.

첫째, 나를 돌아보는 데 시간을 쓰는 것을 아깝게 여기지 않는다.

둘째, 나와 다른 사람들의 삶의 이야기를 접하며 생각과 경험의 폭을 넓힌다.

셋째, 안전한 삶의 경계를 넘어설 수 있는 용기를 가지고 나를 새롭게 디자인하는 시간을 가진다.

넷째, 그렇게 만난 나라는 새로운 존재를 있는 그대로 받아들일 수 있는 기회를 누린다.

나다움의 핵심 3요소 : 자존감, 자기조절력, 자기효능감

나를 제대로 알고 내 삶의 주인공이자 작가가 되는 데 꼭 필요한 요소들이 있다. 다양한 용어들이 있지만 가장 중요한 세 가지 요소는 자존감, 자기조절력, 자기효능감이다.

자존감은 '있는 그대로의 나도 괜찮은 사람, 사랑받을 만한 사람'이라는 건강하고 밝은 자아 개념에 근거한 자기 가치에 대한 믿음이다.

자기조절력은 자신의 삶에 목표가 있고, 그 목표를 달성하기 위해 주도적으로 행동을 선택하고 실천할 수 있는 능력을 말한다. 소냐 류보머스키 교수는 행복의 방정식에서 50퍼센트를 차지하는 유전적 요인이나 10퍼센트를 차지하는 환경적 요인보다 더 중요한 것은 40퍼센트를 차지하는, 우리가 선택할 수 있는 건강한 행동 요인에 달려 있으며, 자기조절력은 자신의 마음을 들여다볼 수 있는 힘에 달려 있다고 했다.

마지막으로 캐나다의 심리학자 앨버트 밴듀라(Albert Bandura)는 자기효능감을 자신의 인생을 위해 성공적인 경로를 설정하는 방식으로 환경을 선택하고 만들어가는 개인적인 자원이라고 정의했다. 그 속에는 자신 앞에 놓여 있는 상황 속에서 자신의 힘으로 바라는 결과를 성취할 능력을 가지고 있다는 신념, 도전적인 상황에서 기술과 능력을 통합하고 조화를 이뤄나갈 수 있다는 신념, 나는 할 수 있고 하면 성공할 수 있다는 신념이 포함되어 있다.

유기적 합성체인 나다움의 세 가지 요소

나다움을 이루는 세 가지 요소인 자존감, 자기조절력, 자기효능감은 한가족 같은 단어다. 조금씩 다르기는 하지만 서로 연결되고 상호작용하는 속성을 가지고 있다. 자존감은 자신의 가치를 믿는 것이며, 자기조절력은 이런 믿음을 바탕으로 스스로 선택하고 실천할 수 있다는 자신의 능력에 대한 믿음이며, 자기효능감은 성공적인 삶을 이루어낼 수 있다는 자기 성공에 대한 믿음이다.

대학교 상담센터에서 인턴을 하던 시절, 내가 만났던 여러 내담자들이 공통적으로 가지고 있는 문제들이 낮은 자존감, 실패한 자기조절력, 낮은 자기효능감이었다. 표면적으로 나타나는 문제는 학업, 연애, 진로 등 다양했지만 그들은 과도한 경쟁을 해야만 대학에 들어갈 수 있는 상황에서 외적, 내적 평가에 지쳐 나다움을 찾을 수 없었다. 그 결과 좋은 대학에 들어갔지만 우울, 불안, 대인관계 문제, 진로의 어려움 앞에서 맥없이 무너지게 되었고, 상담의 도움이 절실한 상황에 놓인 학생들이었다.

인턴 생활의 경험은 상담자이자 한 아이의 엄마이기도 한 나에게 큰 통찰을 가져다주었다. 바로 좋은 성적을 받고 좋은 대학을 가는 것이 중요하지 않다는 것이다. 그 허상이 얼마나 연약한 존재인지 알았기 때문이다. 오히려 더 중요한 것은 내 아이가 스스로를 있는 그대로 받아들이고, 좋은 사람으로 인식할 수 있도록 돕는 것이다. 그리고 실패도 해보고 성공도 해보며 누구의 도움 없이 스스로 판단하고 책임질 수 있는 기회를 가질 수 있도록 지켜봐 주는 것이다.

더 나아가 작은 성공을 자주 경험할 수 있도록 조력하며, 그 성공을 함께 기뻐해줌으로써 자기가 원하는 일을 찾아 끊임없이 배우며 성장하는 삶을 살 수 있도록 동행하는 것이 꼭 필요한 부모의 역할이라는 귀한 교훈을 얻게 되었다.

나다움 찾기 훈련 1 : 달인과 덕후 닮아가기

얼마 전 유튜브에서 일본의 초밥 달인 이야기를 본 적이 있다. 4대에 걸친 초밥 장인이 최상의 초밥을 만들기 위해 최고의 재료를 고르고, 자신만의 비법을 제대로 구현하기 위해 최선의 노력을 기울이는 여러 모습들을 보며 정말 대단하다는 생각이 들었다.

고가의 초밥임에도 불구하고 그의 초밥을 먹고 만족하는 손님을 위해 새벽부터 밤늦게까지 노력하는 장인이었지만 힘들어하기보다 자부심과 기쁨을 누리는 모습이 참 인상적이었다. 또한 작은 가게였지만 수십 명의 직원이 있었다. 그들은 장인의 초밥 기술을 배우기 위해 몇 년간의 허드렛일도 마다하지 않으며 그곳에 있다는 것 자체를 자랑스러워하는 열정적인 청년들이었다. 함께 기숙사에 살면서 늦은 퇴근에도 불구하고 또다시 모여서 책을 보고 기술을 연마하는 그들의 모습을 보며 많은 생각에 잠기게 되었다.

달인과 더불어 요즘 주목받고 있는 비슷한 부류의 사람들이 '덕후'들이다. 일본어 오타쿠에서 유래한 '덕후'라는 말은 한때는 취미생활이나 연예인에 빠져 광적인 집착과도 같은 고집스러운 태도로 인해 부정적인 의미로 다가왔지만 최근에는 '덕후'들이 전문가로 대접받고 있다. 달인과 덕후의 삶을 들여다보면 그 속에 다음과 같은 공통점이 있다는 것을 알 수 있다.

첫째, 그들은 목표의식이 뚜렷하다. 자신이 간절히 바라고 하고 싶은 일에 대해 지대한 관심을 갖고 최고의 목표를 설정하고 온 열정을 투자한다.

둘째, 자신의 시간, 돈, 에너지를 관심 분야의 일과 대상에게 투자하기 위해 선택과 집중을 철저히 실천한다. 해야 할 일과 하지 말아야 할 일에 대한 선호가 분명하고 자신의 꿈을 성취하기 위한 자기조절력이 강한 사람들이다.

셋째, 자신이 집중한 일에서 성공을 경험하고 그 성공을 다른 사람들과 공유하는 사람들이다. 달인은 또 다른 달인을, 덕후들은 자신과 같은 덕후들을 만나 공유하는 기쁨을 누린다.

넷째, 그들은 남들이 상상할 수 없는 노력을 쏟으면서도, 상황이 힘들고 어렵다고 느끼기보다 행복하고 즐겁다고 말한다.

진정한 달인과 덕후는 인생 행복의 방향과 방법을 가장 잘 아는 사람들이기에 성공한 삶을 사는 것이다.

나다움 찾기 훈련 2 : 듣기, 말하기, 쓰기 훈련

자존감, 자기조절력, 자기효능감을 향상하기 위해 내가 활용하고 권장하는 방법들은 '듣기, 말하기, 쓰기'다.

먼저 살아본 사람들의 인생 듣기

나답게 살아가는 사람들의 이야기를 많이 들어보는 것이 중요하다. 내가 실천하고 있는 대표적인 듣기 훈련 중 하나는 '세상을 바꾸는 시간 15분 – 세바시' 강연이다. 유튜브를 통해 동영상으로 보기도 하지만 현장에 직접 가서 여러 번 방청할 정도로 애청자다. 현장 녹화를 가면 5명의 연사들에게 각기 다른 삶의 다섯 가지 스토리텔링을 들을 수 있다. 자기 삶의 경험을 통해 배운 살아 있는 지식을 자신 있게 나누는 배움의 공유는 늘 감동적이다. 세바시 강사들의 삶의 이야기에 감탄하면서 나도 내 삶의 이야기를 세바시에서 강연하고 싶다는 큰 꿈을 갖게 되었다.

내 인생을 다른 사람에게 말하기

말하기의 중요성은 모든 사람에게 참가 자격이 주어지는 공개 이야기 경연 사이트인 '스토리슬램'(StorySLAM)에서 배웠다. 스토리슬램은 예술감독인 캐서린 번스와 그의 팀원들이 삶의 역경을 극복하고 자신의 진정한 자아를 찾아가는 사람들의 이야기를 나누는 경연장이라고 볼 수 있다. 이 경연 사이트를 만든 이들은 다양한 참가자들의 가장 감동적인 삶의 이야기를 '상처가 아닌 흉터 이야기'라고 소개했다.

사람들은 아픔과 갈등을 경험한 삶의 스토리텔링을 통해 자신의 인생 경험과 새로운 방식으로 연결되고 통찰과 교훈을 스스로 일구어낸다. 나만이 알고 있는 내 삶의 이야기를 남들에게 들려주는 경험은 나다움을 찾을 수 있는 좋은 방법이 될 수 있다.

내 인생의 긍정 자서전 쓰기

나다움을 찾아가는 마지막 방법은 자서전 쓰기다. 특히 상처가 아닌 흉터 이야기인 '긍정 자서전'을 쓰는 것이다. 긍정 자서전은 매 학기 내가 학생들에게 제시하는 긍정심리학 수업의 기말 과제이기도 하다. 한 학기 동안 학생들은 긍정심리학을 통해 행복해지는 방법에 관한 이론을 배우고, 멘탈 피트니스를 통해 친구들과 함께 플러스 라이프 활동들을 실제 삶에 적용하는 훈련을 한다. 그리고 학기 말에 새롭게 갖게 된 긍정의 프레임을 통해 자신을 들여다보고 '긍정 자서전'을 쓴다.

우울증으로 오랫동안 병원에 다녔던 한 학생이 긍정심리학 수업 과제를 제출하면서 이런 고백을 하였다.

> 원래 우울감이 심해지면 아무것도 하고 싶지 않았는데 지금은 우울해도 플러스 라이프 일지를 쓰고 강아지를 보며 몸을 움직이려고 애를 썼고, 실제로 우울감도 어느 정도 이겨냈습니다. 그리고 플러스 라이프 일지를 쓰면서 배운 점을 다시 한 번 생각해보면서 이기적인 사람이 아닌 이타적인 사람이 되고 싶어 사람들에게 제가 배운 내용을 나누기 시작했습니다.
>
> 제 주변에 우울증을 앓고 있는 친구에게 '내가 이런 방법으로 효과를 보았으니 너도 해보라'고 권유했는데, 친구는 처음에는 따라 하기 주저하다가 꾸준히 권유하는 저에게 못 이겨 결국에는 함께 실천해 전보다 표정도 밝아지고 많이 좋아진 것 같습니다.

가족과 친구들에게 '내가 다시 밝아져서 좋다'는 피드백을 들었다는 그 친구의 긍정적인 후기를 듣고 같이 기뻐했습니다.

우울한 자신을 있는 그대로 수용하고 건강한 마음의 습관을 규칙적으로 실천하며 성공을 경험한 학생이 이제는 자신을 넘어 친구의 우울증을 개선하는 데 이바지한 감동적인 휴터 이야기를 기록한 긍정 자서전은 '나다움을 넘어 내 다음' 모습을 개척한 감동적인 한 권의 책이 되었다.

즐거움 더하기 훈련

내가 좋아하는 것들

〈주말의 명화〉는 내가 어린 시절 매주 토요일 밤 많은 사람의 사랑을 받았던 TV 프로그램이다. 극장에 가지 않고 집에서 명화를 볼 수 있는 소중하고 흔치 않은 기회였다. 나도 이 프로그램에 대한 여러 좋은 추억들이 있다.

"자면 안 돼……. 꼭 이 영화 같이 보자……. 기억에 길이 남을 좋은 영화니까 꼭 봐야 돼." 초등학생이었던 나는 엄마의 간절한 바람에 전염되어 영화를 꼭 보고 싶었지만 밤 10시가 넘어야 시작하는 프로그램을 기다리다 꾸벅꾸벅 졸았다.

엄마가 대신 쫓아준 졸음을 이기고 익숙한 시그널 음악과 함께 시작한 영화는 〈사운드 오브 뮤직〉이었다. 무거운 눈꺼풀을 이기고 겨우 정신을 차려 보기 시작한 영화에 정말 깊은 감동을 받았고, 지금까지도 가장 사랑하는 영화로 내 마음에 남아 있다. 영화 내용도, 영화음악도 너무 좋아 몇 번을 보았는지 모를 정도다. 이 영화에서 내가 가장 사랑하는 장면은 천둥소리에 놀라 선생님 방으로 피신 온 아이들을 달래기 위해 마리아 선생님이 〈내가 가장 좋아하는 것들(My Favorite Things)〉이란 노래를 불러주는 장면이다.

Raindrops on roses and whiskers on kittens
(장미 꽃잎의 빗방울과 고양이들의 작은 수염)
Bright copper kettles and warm woolen mittens
(밝게 빛나는 금속의 솥과 따뜻한 털벙어리장갑)
Brown paper packages tied up with strings
(갈색의 종이들과 그것을 매고 있는 노끈들)
These are a few of my favorite things
(그것들은 내가 좋아하는 것들 중 몇가지이다)

공포와 두려움에 떨던 아이들의 어두운 마음을 환하게 밝혀준 밝고 따뜻한 여러 단어들로 채워진 가사는 들을 때마다 내 마음을 덩달아 행복하게 한다. 긍정심리학을 공부하면서 이 노래가 떠오를 때가 많았다. 기분이 안 좋거나 힘들 때마다 내가 좋아하는 것, 행복한 일들을 떠올리며 기분을 조절했다. 바꾼 기분이 생각을 조율할 수 있다는 '감정 습관 수정하기 기법'의 선견지명이 〈내가 가장 좋아하는 것들〉에 담겨 있기 때문이다. 1965년에 처음 상연된 로

버트 와이즈 감독의 이 영화는 2000년대에 융성하기 시작한 긍정 심리학의 진수가 살짝 박힌 시대를 앞서간 명작이다.

작고 소소한 즐거움이 주는 기쁨을 누리자

행복한 삶을 살기 위해 꼭 필요한 기술이 있다면 자극적인 쾌감, 지속적인 불안과 공포에서 벗어나 작은 행복과 소소한 즐거움을 발견하는 능력을 키우는 것이다.

우울증을 겪고 있는 내담자들과 상담을 진행하다 보면, 이런 경험을 하게 된다. '이렇게 파란 하늘을 본 적이 없어요', '하얀 뭉게구름이 감동을 줄 수 있다는 걸 오늘 처음 깨달았어요', '아침에 건강하게 눈을 뜬다는 것이 얼마나 큰 선물인지 알게 되었어요', '가족들이 함께 있어준 것 자체가 축복이죠' 등과 같은 멘트로 상담이 시작되면, 이것은 참 좋은 사인이다. 상담 종결이 다가오고 있다는 신호이기 때문이다.

우울할 때는 세상의 모든 것이 다 어둡고 힘들고 괴롭게 느껴지지만, 우울증이 좋아지기 시작하면 늘 우리 곁에 있던 작은 행복과 소소한 즐거움이 새록새록 떠오른다. 이런 대화를 나누고 내담자와 헤어지고 나면 나도 소소했던 내 삶의 모습들을 새롭게 보게 된다. 상담을 마치고 밝은 표정으로 떠나는 내담자가 더 소중하게 다가오고, 연구실 창문으로 들어오는 햇살도 유난히 따스하고, 푸른 잔디밭에서 재잘대며 뛰어노는 유치원 아이들의 웃음소리도 선물처럼 들린다. 그럴 때 드는 생각이 '사는 게 생각보다 어렵지 않다'는 것이다. '좋은 것을 많이 보고 오래 보며 나누는 일을 우리 삶에서 늘려가는 것, 그것이 전부'라는 생각을 할 때가 많다.

하지만 이런 소소한 행복과 즐거움을 찾는 일이 진짜 어렵다고 생각하는 사람들이 많다. 그 이유는 우리의 뇌는 여러 감정 중에 우리가 중요하다고 생각하는 감정에만 집중하는 경향이 있기 때문이다. 즉 주의를 끄는 자극적인 감정, 우리를 위협하는 부정적인 감정, 늘 나에게 익숙한 감정에 먼저 주의를 기울이느라 내가 느끼기는 하지만 인식하지 못하는 여러 긍정적인 감정들을 놓치고 살아가는 것이 참 안타까운 우리의 현실이다. 하지만 작고 소소한 긍정적인 감정들의 중요성을 일단 인식하고 새롭게 주의를 기울이다 보면 이 능력도 성장하는 것을 알 수 있다.

플러스 라이프 활동의 효과

스쳐 가는 작은 행복들을 발견하는 것은 긍정성 향상 훈련을 통해 더 잘할 수 있게 된다. 긍정심리학 수업에서는 '플러스 라이프 주간일지 나누기 활동'을 과제로 정하고 기록하여 조원들과 나누고 교수의 피드백도 받는다.

이 활동은 일주일 동안 일상 속에서 감사, 칭찬, 친절에 관한 나의 경험을 적어보는 것이다. 이 활동을 하면서 긍정성이 향상되는 이유는 좋은 일을 실천하면서 한 번, 적으면서 한 번, 나누면서 한

번, 적어도 세 번의 긍정적인 경험을 하기 때문이다. 무엇보다 조원들의 긍정적인 경험이 나에게 좋은 자극이 되고 그들의 경험이 나의 경험으로 확대되기 때문이다.

이번 학기 수업에서 한 여학생이 엄마에게 친절을 베풀기로 결심하고 '엄마가 좋아하는 것'에 대해 이야기를 나눈 후에, 그중 하나를 골라 서프라이즈 선물을 한 행복한 경험을 나누고 박수를 받았다. 그런데 다음 주에 다른 남학생도 자기가 생각하지 못했던 이벤트를 통해 감동적인 경험을 한 친구가 부러워 자신도 동일한 이벤트를 했더니 엄마가 눈물을 글썽이며 기뻐했다는 이야기를 전해주었다. 플러스 라이프 주간일지 나누기 활동을 통해 하품처럼 전염되는 작은 행복들을 발견하게 되었다.

즐거움 더하기 훈련 1 : 즐거움 더하기의 중요성 인식하기

대학원 중독과학과 학생들과 함께 마약 중독을 극복하려는 사람들의 모임인 익명의 약물중독자들(NA, Narcotics Anonymous) 공개모임에 참여한 적이 있다. 이 모임에서는 마약 중독을 극복하기 위해 단약 중인 경험을 공유하며 상호 지지하는 시간을 갖는다. 이 모임에 참석했을 때 나에게 가장 깊은 인상을 준 성공 사례가 하나 있다.

그는 마약 중독으로 감옥에 수감되었다 출소한 지 오래되지 않은 중년의 남자였다. 그는 단약에 가장 도움이 되는 한 가지 취미

활동을 모임에서 공유해주었는데, 그것은 바로 '셀카 찍기'였다. 취미활동이 단약에 미친 영향에 관한 그의 이야기가 내 마음에 깊은 여운을 주었다. 셀카를 찍으면서 먼저 마약으로 찌들었던 자신을 가꾸는 계기가 되었고, 더 나아가 만나는 사람들과 함께 셀카를 찍으면서 대인관계가 향상되었으며, 젊은 감각을 찾게 되면서 삶에 활기가 생겼다고 고백했다.

나쁜 것을 하지 않는 것에 주의를 기울이기보다 긍정적이고 행복한 일을 늘려서 극복하고자 하는 그의 결심은 마약 중독이라는 떨치기 힘든 만성질환에 효과적인 긍정심리학적 치료 방법이 되었다. 취미 활동을 활용한 그의 경험담을 들으며 중독 극복에 파란불이 들어오는 밝은 희망이 엿보였다. 부정적인 생각과 삶의 습관이라는 만성질병을 고쳐야 하는 우리 모두에게도 이와 같은 노력이 필요하다. 삶의 긍정을 늘리고 부정을 몰아내기 위해 다음과 같은 질문을 스스로에게 해볼 필요가 있다.

- 어떤 순간에 가장 행복하다고 느끼는가?
- 최근에 경험한 재미있고 신나는 일은 무엇이었는가?
- 사람들과 어울려 웃고 떠들었던 순간은 언제였는가?
- 너무 좋은 기억을 주어서 다시 가고 싶은 곳은 어디인가?
- 어떤 향기를 맡으면 기분이 좋아지는가?
- 마음 편히 만날 수 있고, 만나면 나를 즐겁게 해주는 친구는 누구인가?

이 질문들의 답을 찾아가면서 계속해서 질문을 삶에 활용할 필요가 있다. 해야 할 일들에 포로가 되었던 나를 해방시켜, 하고 싶은 일을 먼저 하고 거기서 얻은 에너지로 해야 할 일들도 즐겁게 해내는 역발상의 논리에 도전해보자. 모든 인간은 즐거움을 누릴 수 있는 선천적인 능력을 가지고 태어난다. 우리 안에 존재하는 즐거움의 씨앗을 찾아내 물을 주고 잘 가꾸어보자. 내 주변에 있고 하기 쉽고 돈이 많이 들지 않지만 나를 행복하게 해주는 소소한 행복의 비법들을 꾸준히 찾아보자.

즐거움 더하기 훈련 2 : 소소한 즐거움 리스트 만들기

긍정심리학 강의를 하는 내가 즐기는 소소한 즐거움 리스트들은 주변에서 흔히 찾을 수 있고, 돈도 많이 들지 않고, 언제 어디서나 즐길 수 있는 간단한 내용들이다. 여러분들에게도 공유하고 싶다.

빛이 주는 즐거움을 누리자

내 연구실은 역사가 오래된 건물에 있는 정남향의 햇살정원이다. 냉난방이 개별화되어 있는 신축 건물의 연구실이 부럽지 않은 단 하나의 이유는 자연 채광인 밝고 따뜻한 햇살이 가득한 공간이기 때문이다. 정남향의 큰 창을 통해 하늘이 가지고 있는 모든 빛을 선물처럼 받는 아침 시간이 참 좋다. 또한 화사한 아침 햇살도 좋지만 해지는 노을의 아스라한 파스텔톤 빛도 사랑스럽다.

그리고 계절의 변화가 주는 빛의 선물도 신비롭다. 가을에는 학교 한구석에 있는 단풍나무에 입혀진 가을 햇살에 큰 감동을 받는다. 유난히 화창하고 밝은 날 캠퍼스의 햇살을 품은 붉은빛 단풍은 마치 금빛 보석을 입혀 놓은 것 같았다. 햇빛을 등진 단풍과 햇빛을 품은 단풍이 그렇게 다를 줄은 미처 몰랐다. 이렇듯 빛은 예술의 진수이자 걸작품이다.

산책하는 즐거움을 누리자

내가 근무하는 대학은 서울에 있는 대학 중에서 녹지가 가장 많은 곳 중 하나다. 특히 산 중턱에 있는 호수와 호수에 이르는 숲길은 유럽의 여느 숲 못지않게 이국적인 아름다움을 품고 있다. 나는 틈만 나면 가벼운 복장을 하고 그 숲으로 향한다. 사계절의 변화를 감상하며 걷다 보면 안 풀리던 문제도 풀리고, 미웠던 마음도 가라앉고, 쓰고 싶은 글감도 떠오른다.

놀이가 주는 즐거움을 누리자

즐거움과 가장 가까운 단어는 '놀이'일 것이다. 놀이는 오직 즐거움을 목적으로 이루어지는 행위이기 때문이다. 가장 즐거운 놀이가 최고의 놀이다.

지금도 가장 돌아가고 싶은 순간이 있다면, 어린 시절 해 질 녘 엄마가 이름을 부르며 저녁 먹으라고 찾아오기까지 시간 가는 줄 모르고 신나게 놀던 순간이다. 기구도 없고 그냥 땅만 있는 허전한 공터에서 우리는 참 창의적으로 잘 놀았다. 놀이 공간을 직접 그려서 활용했고, 얇은 고무줄 하나만 있어도 수많은 아이들이 하나가 되었다. 못생긴 돌들도 소중한 놀이도구가 되어 끝없이 깔깔대며 놀았다. 지금도 우리는 공 하나만 쥐어줘도 재미있게 놀 수 있다.

내 삶의 모토 중 하나는 '노는 것처럼 일하고 일하는 것처럼 놀자'이다. 아무리 힘든 일이라도 마음이 맞는 사람들과 함께 노는 것처럼 일하면 힘들어도 버틸 수 있다. 또한 일하는 것처럼 최선을 다해 신나게 끝까지 놀다 보면 신기하게도 일이 하고 싶어진다. 우리의 내면에는 늘 놀고 싶어 하는 아이가 숨어 있는 것 같다.

책이 주는 즐거움을 누리자

큰 서점이나 조용한 도서관 한구석에서 새로운 책과 그들이 열어주는 낯선 세상을 경험하는 일은 나의 호사 중 하나다. 최근에는 좋아하는 작가의 책들을 찾아서 읽으며 작가의 정신세계를 공유하는 즐거움, 누군가가 고민을 이야기하면 내가 읽었던 책 중에 그 사람에게 꼭 맞는 책을 추천하는 즐거움, 내가 추천한 책을 읽고 학생들이 자신의 생각을 적어내는 독서록을 읽는 즐거움, 나의 생각과 경험들을 엮어 책을 쓰는 즐거움으로 이어지고 있다.

땀 흘리는 즐거움을 누리자

운동은 하기 전보다 하고 나서가 최고다. 요즘은 집에서 유튜브를 통해 홈트레이닝을 하곤 한다. 시작하기 전까지는 망설이지만 일단 시작하면 끝까지 하게 되고 땀이 나기 시작한다. 운동으로 몸속 노폐물이 빠져나오는 것 같아 왠지 뿌듯해지고 숨 고르는 정리 운동까지 하고 나면 땀에 옷이 흠뻑 젖는다.

운동이 적극적인 땀 흘리기라면, 조금은 수동적인 땀 흘리기는 뜨거운 사우나에서 할 수 있다. 힘들게 움직이지 않고, 맛있는 걸 먹으면서, 사랑하는 지인들과 함께 즐겁게 땀을 흘릴 수 있는 사우나는 1석 3조의 효과가 있다. 그리고 무엇보다 땀 흘리고 나서 샤워를 한 후에 느끼는 상쾌함은 흘린 땀에 대한 정말 큰 보상이다.

선물하는 즐거움을 누리자

나의 별명은 '트랜스포터'다. 나눠주기를 좋아하는 가족의 유전자를 타고나서 나에게 뭔가 생기면 제일 먼저 '누구에게 줄까?'가 자동적으로 떠오른다. 선물하는 순간도 좋지만 선물을 싸는 순간이 더 좋다. 나에게 뭐든 나눠주고 싶은 사랑의 대상들이 많이 있다는 것과 그들에게 나눠줄 수 있는 풍성한 삶을 살고 있다는 감사함을 느끼는 시간이기 때문이다.

다른 사람에게 선물을 하는 것도 좋지만 나에게 선물하는 것도 새로운 경험이다. 플러스 라이프 훈련 중 하나로 '나 자신에게 선물하기'라는 프로그램을 진행한 적이 있다. 늘 다른 사람들을 생각하며 준비하고 나누는 데 익숙한 우리 스스로에게 선물을 주는 것은 하나의 이벤트가 되어 삶에 활력을 준다. 비싸지 않은 소박한 물건이나 경험이라도 나를 소중히 여기며 챙겨주는 '나에게 선물하기'는 생각보다 놀라운 긍정적인 효과가 있다.

늘 주는 데 익숙한 40~50대 주부들을 대상으로 진행한 플러스 라이프 프로그램에서 '나에게 선물하기'를 실천하고 나눈 적이 있는데, 조용한 성격의 한 분이 들려준 이야기가 참 인상적이었다. 자신은 아이스크림을 좋아하는데 집에 사다놓으면 아이들이 한순간에 먹어치우는 바람에 맛볼 수가 없다고 했다. 하지만 '나에게 선물하기' 프로그램을 실천하기 위해 아이스크림 가게에 가서 자신만을 위한 아이스크림을 포장해 와서 냉동고에 숨겨놓고 조금씩 꺼내 먹는데 너무 행복했다는 것이었다. 별거 아닌 만 원짜리 아이스크림 한 통으로 소소한 행복을 경험하고, 우울을 극복하며, 가족들에게 더 친절하게 대하게 되었다는 경험담이 참 소중하게 다가왔다.

How to live creatively

How to die gracefully

(어떻게 창의적으로 살 것인가

어떻게 우아하게 죽을 것인가)

내 카카오톡 프로필에 올려놓은 글귀다. 몇 년째 동일한 프로필을 유지하는 이유는 우연히 알게 된 이 글귀가 매일의 내 결심이기 때문이다. 매 순간 즐겁고 창의적으로 살기 위해 노력함으로써 내 삶의 마지막이 우아하고 의미 있길 바라는 간절함이 담겨 있다.

마음의 면역력 키우기 훈련

탱탱볼 같은 스텝업 캠프

내가 근무하는 대학에는 대학생들을 위한 특별한 캠프가 있다. 학사 경고를 받은 학생들의 기를 살리고 그들의 자존감을 업그레이드하는 것을 목적으로 하는 '스텝업 캠프'다. 기획 단계부터 깊이 관여하여 개발한 이 캠프에 깊은 애착을 갖게 되었고 다년간 주임교수로 첫 강의를 맡았다.

강의 첫날, 나는 낯설고 어색하여 위축된 마음으로 모임에 참석한 학생들에게 한명 한명의 이름을 새긴 탱탱볼을 보여주었다. 그러고는 탱탱볼에 적힌 이름을 부르고 해당 학생이 손을 들면 그것을 던져주었다. 기대하지 않았던 이 작은 이벤트로 인해 학생들의 표정이 풀리기 시작했다. 공을 놓쳐 잡으러 가는 학생도 있고, 공을 잘 받아서 박수를 받는 학생도 있어 얼음장 같았던 강의실 분위기가 금세 부드러워졌다. 모든 학생들이 탱탱볼을 받은 후에 그들에게 탱탱볼을 나눠준 이유를 알려주며 강의를 시작했다.

“탱탱볼은 세게 던질수록 높이 튀어오릅니다. 학사 경고라는 작은 실패는 우리를 바닥으로 떨어지게 하는 경험 중 하나입니다. 하지만 실패는 누구나 경험할 수 있는 일입니다. 이 실패는 오히려 여러분들이 더 높이 튀어오를 수 있는 좋은 발판이 될 수 있습니다. 저는 여러분이 이 캠프를 통해 ‘학사 경고 덕분에’라고 말할 수 있길 바랍니다. 이번 캠프 기간 동안 여러분의 분신인 탱탱볼을 가지고 다니면서 틈날 때마다 튀겨보면서 더 나은 비상을 꿈꾸게 되기를 희망합니다.”

조기 탈출도, 대기만성도 모두 문제될 건 없다

이렇게 시작된 스텝업 캠프에는 여러 해 동안 많은 학생들이 거쳐갔다. 그중에는 높이 튀어오르는 탱탱볼처럼 이전보다 더 나은 모습, 더 성장하고 성숙한 모습으로 변해가는 학생들도 있었다.

2012년 첫 캠프에서 만났던 2명의 학생들이 있다. 대학생활에 적응하지 못하여 방황하던 두 친구는 ‘초록은 동색’이라고 같이 학사 경고를 받고 캠프도 함께 오게 되었다. 그들은 벌 받는 캠프인 줄 알고 왔다가 너무 재미있고 많은 것을 배우고 간다는 인사말을 남겼다.

그중 한 명은 한 학기 동안의 멘토링까지 충실하게 수행하면서 그다음 학기부터 자신감을 되찾고 학사 경고에서 탈출했다. 하지만 다른 한 명의 학생은 그다음 학기도 학사 경고를 받아 다시 캠프를 찾아왔다. 잘해보려는 시도를 했지만 어느 순간 모든 것을 놓아버리고 다시 오게 되었다고 했다.

두 번째 캠프 후에는 확실히 변화되어 성공적인 학교생활을 이어갔다. 어느 날 캠퍼스에서 그 학생을 만났는데, "교수님, 저는 대기만성형이에요. 학점이 점점 올라가고 있어 학교생활이 신나요"라며 모든 게 스텝업 캠프 덕분이라고 나에게 감사의 인사를 하였다.

이 두 학생은 1학년 때의 학사 경고 덕분에 4학년 졸업도 하기 전에 자신들이 원하는 곳에 취업이 되었다며 나를 다시 한번 놀라게 했다. 이렇게 스텝업 캠프를 진행하며 만났던 여러 학생들을 통해 확실히 깨닫게 된 것은 역경과 실패가 우리에게 나쁜 것만은 아니라는 것이다. 중요한 것은 실패의 자리, 역경의 자리에서 우리가 어떤 선택을 하고, 어떤 대응을 하는가에 그다음이 달려 있다는 것이다.

마음의 면역력인 '회복탄력성'

우리의 삶은 행복한 일도 있지만 그보다는 힘든 일, 슬픈 일, 어려운 일, 가슴 아픈 일이 더 많다. 불행한 일은 항상 행복한 일보다 양도 많고 질적으로 강도가 더 센 것처럼 느껴져서 우리를 좌절하게 만든다. 하지만 우리 모두는 인생의 역경을 이겨낼 수 있는 잠재적인 힘을 지니고 있다.

시련과 역경을 성장의 발판으로 삼는 마음의 힘을 학자들은 '회복탄력성'이라고 부른다. 나는 심리학을 공부하면서 이 개념에 가장 많은 애착을 갖게 되었다. 만약 우리 자녀에게 물려주고 싶은 무형의 유산을 꼽으라고 한다면 나는 단연 '회복탄력성'을 선물로 남겨주고 싶다. 부모가 함께하거나 도울 수 없는 순간에 맞닥뜨렸을 때, 삶의 역경을 이겨내고 더욱 성장할 수 있는 자신만의 마음의 힘을 가지게 된다면, 그것보다 더 좋은 자산은 없을 것이라고 확신하기 때문이다.

《회복탄력성》(위즈덤하우스, 2019)의 저자이자 한국인을 위한 53문항의 회복탄력성 지수(KRQ)를 개발한 김주환 교수는 한국인의 회복탄력성은 스스로의 감정을 인식하고 조절하는 자기조절 능력, 타인의 감정을 이해하고 공감함으로써 원만한 인간관계를 유지하는 대인관계 능력, 매사에 감사하고 자신의 강점을 잘 알고 활용하며 자신의 삶을 원하는 방향으로 이끌어가는 자신감을 포함하는 긍정성의 세 가지 요인으로 이루어져 있다고 보았다.

회복탄력성이 높은 사람과 낮은 사람은 그 모습에서 차이가 확연히 드러난다. 회복탄력성이 낮은 사람은 완벽주의 성향이 있고 소심하며, 실수를 두려워하고 회피하려 한다. 다른 사람의 평가나 판단에 민감하고, 매사를 부정적으로 해석하는 경향이 강하다.

반면 회복탄력성이 높은 사람들은 실수에 대해 관대하고 수용적이며 역경이나 어려움에 대한 긍정적인 태도를 가지고 있다. 또한 실수를 예방하기 위해 스스로 모니터링을 하는 습관을 가지고 있어 실수를 만회할 수 있고 역경이나 아픔이 지각되면 재해석을 통해 성장을 이끌어내는 긍정적인 사람들이다. 중요한 것은 삶에서 정말 필요한 마음의 힘인 회복탄력성은 훈련을 통해 높일 수 있다는 점이다.

똑같은 마음의 상처에도 다르게 반응하는 사람들

나는 재직하고 있는 학교에서 가까운 곳에 살고 있어 걸어서 출퇴근할 때가 많은데, 학교 동문을 지날 때마다 소나무 한 그루가 인상에 남았다. 꼬이고 꺾이고 비스듬히 쓰러지듯 서 있는 소나무는 살아남기 위해 모진 세월을 보낸 삶의 이야기를 품은 듯 외양 자체에서 아픔이 느껴진다. 비스듬히 서 있지만 절대 넘어지지 않을 것 같은 기개를 품고 있는 소나무를 볼 때마다 마치 내가 아는 사람을 만난 것 같아 정이 가고 틈틈이 애정을 가지고 바라보곤 한다.

상담 현장에서도 그 소나무처럼 평생 절대로 겪고 싶지 않은 일들을 경험한 사람들을 만나곤 한다. 치명적인 사고, 가족의 죽음, 지진이나 태풍 같은 자연재해, 고통스러운 질병, 성폭력 등 생명의 위협을 느끼는 심각한 사건들로 트라우마를 경험하는 사람들이다. 이러한 상황에 처하면 정도의 차이는 있겠지만 충격으로 누구나 몸과 마음에 심한 고통을 겪는다.

큰 아픔을 경험했을 때 우리의 첫 반응은 도대체 왜 이런 일이 나에게 일어났는지 의문을 품는 것이다. 그냥 평범하게 열심히 노력하며 남에게 피해주지 않고 살아온 나에게 어떻게 이런 일이 생길 수 있냐며 끝없는 한탄을 되풀이하게 된다.

상담을 진행하면서 그 마음을 좀 더 자세히 들여다보면 나쁜 일은 남에게 일어나는 것이지 나에게 일어나면 안 된다는 왜곡된 생각과 자신은 트라우마 앞에서 무기력하고 통제할 수 없는 존재라는 부정적인 마음이 계속 작용하고 있음을 알 수 있다. 하지만 그런 부정적인 생각에서 벗어나지 못하면 더 깊은 구렁텅이로 떨어져 회복에서 점점 멀어진다.

그들이 경험한 고통스러운 기억은 정상적으로 처리되지 않아 시도 때도 없이 급습하듯 고통을 재현하고 불면증과 불안과 공포에 사로잡히는 심각한 '외상 후 스트레스 장애'를 경험하게 된다. 이러한 큰 상처들은 우리가 이제까지 살아왔던 삶의 기본 가정이나 신념과 가치를 뒤흔들어놓는다.

반면에 이런 혼란과 위기의 경험이 이제까지 살아왔던 방식이 아니라 새로운 삶의 방법을 모색하게 하는 반전의 계기가 되기도 한다. 더 놀라운 것은 엄청난 고통 속에서도 느린 적응이 일어나고 적응을 넘어 성장을 경험하는 사람들이 있다는 사실이다.

그들이 경험하는 외상 후의 성숙한 모습은 트라우마로 인한 고통이 없어져 행복하게 되었다는 의미가 아니다. 오히려 고통은 지속될 수 있지만 과거와는 달리 고통과 더불어 노력하는 과정을 통해 이전보다 더 충만한 삶을 살게 되었다는 의미다.

마음의 옹이를 넘어선 외상 후 성장

노스캐롤라이나대학교의 리처드 테데스키(Richard Tedeschi)와 로런스 캘훈(Lawrence Calhoun) 교수는 10년 동안 아이를 잃은 부모들을 만나 연구를 진행하면서 놀라운 모습을 발견했다. 이들은 삶에서 큰 아픔을 경험했지만 서로를 돕고, 다른 가족들이 자신과 같은 아픔을 겪지 않도록 노력할 뿐 아니라, 동일한 아픔을 경험한 이들을 위로하며 깊은 연민을 발휘하는 모습들을 보인 것이다. 그리고 이런 극도로 힘든 삶의 위기를 극복하려고 분투한 끝에 아픔을 경험하기 이전보다 개인적인 역량이나 삶에 대한 만족도에서 더 긍정적인 변화를 나타내는 모습을 관찰했다. 테데스키와 캘훈 연구진은 이 모습을 보고 '외상 후 성장'이라고 이름 붙였다.(《외상 후 성장 : 상담 및 심리치료에의 적용(Posttraumatic Growth in Clinical Practice)》, 학지사, 2015)

테데스키와 캘훈 교수는 그들이 관찰한 외상 후의 긍정적인 변화를 설명하기 위해 '지진의 비유'를 사용했다. 대규모 지진이 일어나면 이전의 도시 모습은 산산조각이 나지만 지진의 잔해를 재건하기 위해 노력하는 과정에서 이전보다 더 튼튼한 건물과 도로와

각종 시설들을 새롭게 건설한다.

이와 유사하게 '외상 후 성장'을 경험하는 사람들도 자신에 대한 인식이나 인생을 바라보는 관점에 큰 균열이 생기지만 긍정적인 새로운 변화도 더불어 얻게 된다. 이전보다 더 감사한 마음으로 세상을 보게 되고, 새로운 삶의 목적을 발견하며, 전에는 알지 못했던 내면의 힘을 찾게 되고, 주위 사람들의 소중함을 깨닫게 되어 관계가 좋아지고, 무엇보다 자신의 한계를 알게 되어 영적인 삶의 질이 향상된다.

마음의 면역력 키우기 훈련 1 : '외상 경험' 품기

얼마 전 췌장암을 앓고 있는 75세의 암환자에 대한 이야기를 들은 적이 있다. 그녀는 젊은 시절 유방암을 극복했는데, 노년에 다시 췌장암을 앓게 되어 1년 가까이 항암치료를 받고 있었다. 보통의 사람들은 이런 상황이 되면 불운한 운명을 탓하며 절망을 경험하는데, 그녀는 오히려 힘겨운 항암치료 과정을 거치면서 새로운 소명을 깨닫게 되었다.

항암치료를 받으러 병원을 다니다 보니 혼자 치료를 받으러 오는 환자들이 눈에 띄었고, 치료를 받으며 힘들어하고 우울해하는 외로운 환자들을 보며 연민을 갖게 되었다. 그래서 그녀는 항암치료를 끝내자마자 페이스북에 광고를 냈다.

"저는 넓은 어깨와 좋은 귀와 닫힌 입을 가지고 있습니다. 지금

혹시 암 투병 중이거나 여러분의 이야기를 나누기를 원하는 분이 있으시다면 저는 당신 곁에 있고 싶습니다."

그녀는 광고를 보고 찾아온 여러 환자들을 만나서 그들의 손을 잡아주고 위로하는 새로운 일을 하기 시작했다. 그녀의 삶의 목표는 암을 극복하는 것이 아니라 암환자를 위로하고 치유하는 것이며, 더 높고 숭고한 목적의 품격 있는 삶으로 성장하였다.

정말 견디기 힘든 역경 후에 이런 감동적인 성장을 이룰 수 있다는 것은 큰 축복이다. 하지만 이런 변화는 어떻게 가능할까? 어떤 사람들이 성장하고 어떤 사람들은 그렇지 않는 것일까? 우리는 사람들이 경험하는 외상의 특징과 정도에 따라 달라질 것이라고 생각하지만 실제는 다르다. 오히려 더 중요한 것은 외상 자체가 아니라 자신에게 일어난 일을 이해하려 애쓰고 그 일이 자신을 어떻게 변화시켰는지 오랫동안 생각하고 들여다보는 과정에서 마주하는 여러가지 선택 중에서 긍정적인 행동을 선택하고 실천하려는 의지다.

'외상 후 성장'에 이르는 정해진 길이나 뚜렷한 노하우가 있는 것은 아니다. 하지만 중요한 것은 두렵고 힘들지만 외상을 피하지 않고 직면하여 자신을 제대로 들여다보는 노력이다. 쉽지 않고 피한다고 피할 수 없는 길이기에 힘들지만 반드시 가야 하는 길이다. 그리고 그 길에 마음이 따뜻한 동행자와 함께한다면 큰 힘이 된다. 또한 동행자가 전문가여서 넉넉한 도움을 줄 수 있다면 더할 나위 없이 의미 있는 삶의 경험이 될 것이다.

마음의 면역력 키우기 훈련 2 : 꽝 닫힌 문이 슬며시 열어 준 뒷문 찾기

지나온 삶을 되돌아보니 내 삶의 중요한 기로에서 내 앞에 길이 펼쳐져 있거나 문이 열려 나를 환영하며 기다렸던 시간보다 문이 닫혀서 힘들고 길이 없어 막막하고 슬펐던 순간들이 대부분이었다. 하지만 울다 보면 오히려 오기 같은 힘이 생겨나곤 했다. 내가 무엇을 잘못했는지, 혹 이 길이 아니면 어떤 길을 갈 수 있는지 더 열심히 나를 돌아보곤 했다.

그렇게 여기저기를 돌아보다 보면 전에는 전혀 생각해보지 않았던 길을 새롭게 만나는 경험을 하곤 했다. 나는 이런 경험을 학생들과 나눌 때마다 '힘차게 꽝 닫힌 문의 압력 때문에 구석진 곳에서 자기도 모르게 슬며시 열린 작은 문'이라고 설명해준다. 그리고 지금 내가 있는 자리는 그렇게 열린 작은 문들을 통해 여기까지 이르게 되었고, 이 길은 내가 생각했던 원래의 길보다 더 나은 길이었다고 이야기한다.

얼마 전 졸업한 제자로부터 소중한 선물과 메시지를 받았다. 그녀는 40대 젊은 교수였던 나에게 주례를 부탁할 정도로 나와 친밀한 관계를 유지했던 학생이었다. 메시지에는 결혼 5주년을 맞이하여 행복하게 잘 살고 있는 기념으로 감사의 선물과 메시지를 보냈다고 적혀 있었다.

다시 한 번 나의 마음에 감동이 일어났다. 내가 주례를 맡을 정도로 그녀와 인연을 쌓게 된 것은 학교생활 내내 아프고 힘든 일이 있을 때마다 내 연구실에 와서 눈물을 흘리며 나눈 진한 우정 때문이었을 것이다. 그때마다 난 동일한 위로의 말을 해주었다. 그것을 바로 '지금 내 앞에 꽝 닫힌 문이 슬며시 열어준, 생각지도 못했던 작은 뒷문을 찾으라'는 것이었다.

그녀는 매 순간 그 작은 문들을 잘 찾아냈고, 늘 더 창의적이고 지치지 않는 도전을 하는 청출어람(青出於藍) 같은 제자였다. 현재 공직에서 근무하는 워킹맘으로 최근에는 아이를 모델로 직접 글과 그림을 그려 동화책을 출간하기도 했다. 그녀가 온라인상에서 자신만의 커리어를 구축해가는 모습을 볼 때면 마음의 면역력이 튼튼한 사람의 삶이 얼마나 창의적이고 보람될 수 있는지를 잘 보여주는 것 같아 참 대견하다.

힘들 땐 울어야 한다. 하지만 그것이 끝이어서는 안 된다. 울고 나서 다시 생각해보아야 한다. 힘든 상황을 다르게 해석할 수 있어야 한다. 그리고 그 새로운 시작을 얼마나 빨리 제대로 할 수 있는가에 인생의 성패가 달려 있다. 도전하고 넘어지는 것을 이상하게 여길 필요가 없다. 오히려 자연스럽다고 느끼고 긍정적으로 재해석하는 지혜가 필요하다. 마음의 면역력에 좋은 약이 되는 니체의 격언을 꼭 기억하며 오뚝이처럼 열심히 일어나서 씩씩하게 살아가자.

Whatever does not kill me makes me stronger.

(나를 죽이지 못하는 것은 나를 더 강하게 만든다.)

감사 노트 쓰기

지난 일주일간의 삶을 돌아보고 감사 키워드, 감사 낙서, 감사 노트를 적어보세요. 세 가지 중 가장 편한 양식을 택할 수도 있고, 감사 키워드와 감사 낙서를 통해 감사 노트를 적는 훈련도 좋습니다. 매일 한 가지씩 감사 노트를 쓰거나 혹은 일주일에 세 번의 감사 노트를 써보는 것은 긍정성 향상에 많은 도움을 줍니다.

감사 키워드	감사 낙서	감사 노트
예) 엄마, 토스트, 향기, 미소	예) 토스트 그림 	예) 엄마가 준비해준 맛있는 토스트 향기 때문에 기분 좋게 일어날 수 있어 감사한 아침이었다.

3장

'존중하는 너' 되기

Plus Life

마음의 온도 조율하기 훈련

'살리에리형 인간'인가, '모차르트형 인간'인가

알렉산드르 푸시킨(Aleksandr Sergeevich Pushkin)이 쓴 《모차르트와 살리에리》에는 천재 음악가 모차르트와 동시대를 살았던 음악의 거장 살리에리의 이야기가 나온다. 푸시킨은 이 글을 통해 천재를 질투하다 못해 망가져버린 한 사람의 이야기가 아니라 인간의 유형과 삶의 방식에 대한 이야기를 하고 있다.

'살리에리형 인간'은 엄격하고 지조 있는 삶을 살지만 늘 내면으로 타인을 심판하고, 강박적으로 한 가지 일에 집착하며 스스로 우월하다고 착각한다. 외면은 열정적인 듯하지만 그 마음은 공허와 혐오로 가득 차있다. 반대로 '모차르트형 인간'은 명랑하고 유쾌하며 주위 사람들을 배려하고 말은 어눌해도 내면은 사랑으로 가득 찬 사람이다. 스스로를 증명해 보이기 위해서가 아니라 그저 즐거워서 일하며 사소한 일에서도 얼마든지 기쁨을 찾는다. 책에서는 이 두 유형을 대조하며 삶의 방식의 중요성을 알려준다.(고전 5미닛, '모차르트와 살리에리')

이 이야기는 '마음의 온도가 다른 사람들의 차이'를 잘 보여주는 사례다. 우리 주변에는 많은 '살리에리형 인간'과 '모차르트형 인간'이 있다. 이렇게 다른 두 유형의 사람이 만나서 이야기를 하면 출발선상에서부터 대화는 금이 가게 마련이다. 서로 같은 주제로 이야기한 것 같지만 만남이 끝나고 헤어져 돌아가면 전혀 다른 결론에 이른 것을 알게 된다. 마음의 온도가 다르면 많은 면에서 상이한 대조를 보이기 때문이다.

마음의 온도를 맞추기 위한 시간

마음의 온도가 다른 사람과 관계 맺기가 얼마나 어려운지를 개인적으로 경험한 적이 있다. 30대 시절, 같은 대학을 다녀 안면은 있었지만 서로 잘 알지 못했던 K와 같이 근무를 한 적이 있다. 나는 그를 사회에서 다시 만나게 되어 신기하고 반가운 마음에 가까워지려고 노력했는데, 노력하면 할수록 더 멀어지는 기이한 경험을 하게 되었다. 쌓여가는 시간만큼 마음이 힘들어져 어느 날 진지하게 대화를 나누고 싶다고 했고 자리가 마련되었다.

K와의 만남에서 그동안 나는 반가운 마음에 다가가려고 노력했는데 혹 그것이 부담을 주거나 문제가 있었던 건 아니었는지 솔직

하게 물어보았다. 감사하게도 K도 마음을 열고 '나의 그런 노력이 싫었다'고 솔직하게 말해주었다. 한 예로 친해지고 싶은 마음에 인사를 하는 과정에서 내가 그의 어깨에 손을 올렸는데, 그는 그 행동이 자신의 영역을 침범한 것으로 느껴져 힘들었다고 했다. 그때 깨달았다. 나와 다른 마음의 상태를 존중해야 한다는 것, 거리를 두고 마음의 온도가 맞춰지기까지 느린 기다림의 시간이 필요하다는 것을 배우게 되었다. 참 소중한 교훈이었다.

마음의 적정 온도는 몇 도일까

《마음의 온도는 몇 도일까요?》(정여민 글, 허구 그림, 주니어김영사, 2019)라는 그림 시집 마지막에 실린 정여민 군의 글을 읽은 적이 있다. 말기암 환자였던 엄마의 치료 때문에 경북 영양의 시골 오지로 가게 된 초등학생 정여민 군이 시골에서 경험했던 이웃들의 사랑을 묘사한, 시집의 마지막을 장식하는 이 글에서 나는 우리가 가져야 할 마음의 온도가 있다는 것을 알게 되었다.

> 나는 이곳에서 '우리 마음속 온도는 과연 몇 도쯤 되는 것일까?' 하고 생각해 보았다. 너무 뜨거워서 다른 사람이 부담스러워하지도 않고 너무 차가워서 다른 사람이 상처 받지도 않는 온도는 '따뜻함'이라고 생각한다.

우리 사이 마음의 적정 온도는 '너무 뜨겁지도 차갑지도 않은 따뜻함'이라는 표현이 마음에 울림을 주었다. 이런 따뜻한 마음을 표현하는 단어 중 하나가 '온정'이다. 국어사전에서 '온정'은 다섯 가지 의미로 나온다.

첫째는 온정(溫井)으로 땅속에서 따뜻한 물이 솟는 우물, 둘째는 온정(溫情)인 따뜻한 사랑이나 인정, 깊은 마음, 셋째는 온정(溫凊)으로 겨울에는 따뜻하게, 여름에는 서늘하게 한다는 뜻으로 부모를 잘 섬기어 효도함을 이르는 말이며, 넷째 온정(穩定)은 사리에 맞는 결정, 마지막은 '안정'의 제주도 방언이 '온정'이다.

내 마음속에 따뜻하고 깊은 샘 같은 마음, 적절한 때에 적절한 방법으로 상대를 섬기는 마음, 타인을 깊게 배려함으로써 사리에 맞는 온전한 결정을 내릴 수 있는 마음, 무엇보다 안정적이어서 요동치지 않고 한결같은 마음이 '적정한 마음의 온도'임을 잘 알려주고 있다.

내 마음의 따뜻한 우물, 온정(溫井)

'따뜻함'이라는 마음의 온도는 나에게 연애 시절 잊지 못할 경험을 떠올리게 했다. 여러가지 힘들고 어려웠던 미국 유학 시절, 지금의 남편과 자투리 시간에 했던 짧은 데이트는 소중하고 달콤한 경험들이었다. 아쉽게도 언제, 어떻게 데이트를 했는지, 어떤 대화를 나누었는지는 도무지 기억나지 않지만, 남자친구의 이야기를 듣고 경험했던 내 마음의 독특한 반응만은 뚜렷이 기억에 남아 있다.

해 질 무렵 차 안에 앉아 꽤 진지한 대화를 나누고 있었는데 한 순간 '마음속에서 따뜻한 샘물이 퐁퐁 솟아나는 느낌', '마음의 허전했던 공간이 바늘로 찔러도 들어갈 틈이 없을 정도로 충만하게 채워지는 느낌'이 밀물이 들어오듯 마음을 감동으로 채웠던 기억이 었다. 그 이후로 '사랑'의 경험을 묘사해달라는 질문을 받으면 그날의 잊지 못할 추억을 이야기하곤 한다. 남자친구의 다정하고 따뜻한 목소리와 부드럽고 애정 어린 표정, 나를 향한 깊은 관심에서 나온 그의 이야기들을 조용히 경청하는 순간 찾아왔던 그 따뜻함과 충만함을 나는 '온정 어린 사랑'이라고 표현했다.

'럭키 7'으로 잇는 마음

나는 매 학기 첫 수업을 '마음과 마음이 이어질 때'라는 특별한 프로그램으로 시작한다. 이 프로그램을 진행하는 두 가지 이유가 있다. 하나는 교양과목의 특수성 때문이다. 나는 학부에서 교양과목을 가르치고 있기 때문에 다양한 학과의 학생들이 수업에 들어온다. 서로 잘 모르는 학생들이 만나기 때문에 수업 초기에는 분위기가 경직되어 있다. 그런 어색함을 극복하기 위해 아이스브레이커 같은 프로그램을 진행하는 것이다.

먼저 모든 짐을 두고 밖에 줄을 서게 하고 가볍고 즐거운 대화를 나눌 수 있는 질문지 자료를 나눠준 후에 일대일 미팅을 하듯 학생들을 앉게 하고 7분 동안 이야기를 나누고 일곱 번 짝을 바꾸며 대화를 진행하게 한다.

처음에 설명하면 학생들의 표정이 밝지 않다. 낯선 사람과 일대일 대화를 하는 것에 대한 부담이 있기 때문이다. 하지만 학생들이 좋아하는 최신 유행 음악을 틀어 카페 분위기를 만들어주고 격려해주면 조금은 부드러운 분위기에서 프로그램이 시작된다.

두세 번 짝을 바꾸고 분위기가 무르익으면 대화의 동력을 더 올리기 위해 '지혜로운 대화 방법'을 가르쳐주고 건강하게 의사소통하는 방법을 알려준다. 또한 중간에 쉬는 시간을 가져서 학생들의 긴장도 풀어준다. 프로그램을 진행하다 보면 굳었던 얼굴들이 조금씩 환해지고 시간이 흐를수록 강의실이 시끄러워지기 시작한다.

일곱 번의 짝을 바꾸고 나면 일대일 대화의 종료를 알리고 학생들에게 퀴즈를 낸다. 짝이 몇 번 바뀌었는지와 그 이유를 물어본다. 일곱 번을 추측하여 아는 학생들은 있지만 그 이유는 잘 맞추지 못한다. 대부분 '럭키 7'이라고 답하거나 내가 좋아하는 숫자라고 한다.

그럴 때 나는 심리학 연구 결과 한 사람이 낯선 곳에 적응하기 위해 필요한 친구의 숫자가 7명이기 때문에 낯선 교양수업에서 오늘 만난 7명의 친구들과 함께 수업에 잘 적응하길 바란다고 말해준다. 그러면 수업에 참여한 학생들의 얼굴에 따스한 온기가 번져

가는 것을 볼 수 있다. 이 간단하고 짧은 프로그램을 통해 학생들은 낯선 수업에 대한 두려움을 누그러뜨리고, 타인과 마음을 나누는 의사소통 훈련과 개방성 훈련의 필요성을 체감하게 된다.

이 프로그램의 또 다른 목적은 원활한 조별 토론 수업 준비를 위한 것이다. 조를 구성해주고 '주제 토의'를 연습하기 위해 '조금 전에 대화한 7명 중 가장 긍정적인 인상을 준 사람의 특징'을 토의한 후에 조에서 가장 많이 나온 긍정적인 특징들을 발표하도록 한다. 그리고 모든 조들이 발표한 내용들을 칠판에 적어보면 이것보다 더 좋은 의사소통 훈련이 없다.

경청해주는 친구, 웃는 얼굴로 이야기를 들어준 친구, 공통적인 관심사를 가진 친구, 따뜻한 조언을 해준 친구, 비슷한 취미를 가지고 있어 공감해준 친구 등 다양한 긍정적인 의사소통 방법들이 나온다. 마지막으로 이번 학기 동안 조별 수업에서 이런 긍정적인 소통을 하길 간절히 바라는 내 마음을 전달하며 프로그램을 마무리한다.

매 학기 이 프로그램을 진행하면서 마음과 마음이 이어질 때 어떤 효과가 있는지 발견하게 된다. 첫 수업에 대한 성찰일지를 받아보면 '낯선 사람과 이야기를 잘 못 하는 사람인 줄 알았는데 시간이 지날수록 편안히 대화하는 나 자신을 발견하고 놀라게 되었다', '나의 이야기를 열심히 들어주는 짝을 만나서 기뻤고 나도 따라 해보니 상대방과 훨씬 더 수월하게 대화할 수 있었다', '마음을 여는 일은 힘든 거라고 늘 생각했는데 적절한 질문이 있고 상대방에게 집중할 수 있는 환경이 되면 가능하다는 걸 알게 되었다' 등 학생들의 피드백에 진솔하고 따뜻한 감성이 넘친다.

마음과 마음이 이어지는 일은 생각보다 어렵지 않다. 열린 마음과 긍정적인 태도로 서로의 마음의 온도를 알아주고 맞추기 위해 관심을 집중할 수 있는 시간을 가질 때 서로의 마음이 이어지기 시작한다. 이 프로그램을 시작으로 한 학기 동안 조별 수업을 진행하다 보면 간혹 캠퍼스에서 수업이 끝나도 함께 다니는 조원들을 보게 된다. 학과가 다르고 학번이 달라도 마음의 온도를 맞추는 법을 알게 된 학생들이 서로 끈끈하게 이어지는 모습을 볼 때면 마음을 여는 대화의 힘이 얼마나 중요한지 새삼 깨닫게 된다.

마음의 온도가 다른 장벽을 허무는 법

이렇게 시작된 수업에서 마음의 온도가 잘 맞지 않아 대인관계의 어려움을 겪는 학생들을 종종 만날 때가 있다. 그들의 고민은 '새로운 사람을 만나는 것은 어려움이 없는데 가까이 있는 친한 친구들이 부담이 된다'는 것이다. '소중한 친구이고 잘 지내고 싶은데 만날수록 마음이 힘들어진다'고 한다. 얼핏 듣기에는 이해가 잘 안 되는 상담 내용이다. 낯선 사람과 잘 지낼 정도로 대인관계 기술이 뛰어난 사람이 자신이 좋아하는 가까운 친구들과의 관계를 힘들어할 이유가 없을 것 같아 의아하게 다가온다.

하지만 그 학생들의 이야기를 조금 더 깊게 들여다보면 '그럴 수 있겠구나'라고 공감하게 된다. 낯선 사람에게는 자신을 많이 드러내 보이지 않고도 관계를 맺고 소통할 수 있다. 하지만 친한 친구들은 꾸준히 오랫동안 보면서 자신의 내밀한 마음을 공유해야 하는 시점이 오기 때문이다.

이 학생들은 진짜 자신의 모습을 알면 친구가 자기에 대해 실망하고 떠날까 봐 보여주고 싶은 모습만 보여주고, 감추고 싶은 모습을 철저히 감추는 피상적인 관계를 나누는 데 너무 많은 에너지를 쏟는다. 그래서 친구들과 어울리는 시간에 내적인 긴장도가 높고 시간이 지나면서 관계의 피로도가 올라간다. 더 나아가 오랜 시간 이런 마음을 혼자만 간직하고 고민하다 보면 스스로 지쳐 관계를 끊고 잠적하게 되어 오히려 친구들에게 상처를 주고, 스스로는 죄책감을 느끼는 깊은 아픔을 경험하게 된다.

마음의 온도가 낮아 아파하는 학생들이 경험하는 핵심 문제는 낮은 자존감과 완벽주의와 밀접한 연관이 있다. 있는 그대로 자기 자신을 인정하지 못하고 문제가 있다고 부정적으로 보기 때문이다. 이런 친구들을 상담할 때면 그들이 가진 강점을 함께 찾아보고 조금은 부족하고 연약한 나의 모습도 괜찮다는 마음을 가지도록 도와준다. 그리고 자기 내면의 모습을 열어 보일 수 있는 개방성 훈련이 필요하다고 안내한다. 관계는 서로 알아야 발전해나간다.

내가 어떤 사람인지 마음을 열고 나눌 수 있을 때 상대방도 마음을 열고 자신의 이야기를 하게 된다. 처음부터 세련되게 자기 개방을 하기는 쉽지 않다. 낯선 곳에 가서 적응하기 위해 자신의 이야기를 하고 돌아온 날 밤 잠자리에 누우면 얼굴이 화끈거리는 경험은 누구에게나 있을 것이다. 자기 개방도 자주 해야 잘할 수 있다. 처음에는 '많이 개방했다', 이후에는 '적게 개방했다' 하는 냉온탕을 왔다 갔다 하다 보면 적절한 온도의 자기 개방을 할 수 있고, 사람들과 진솔한 마음을 나누는 것이 가능해진다.

그래서 자기 개방 훈련은 빠른 시간 안에 습득되거나 숙달되는 것 같지 않다. 가마솥처럼 천천히 열이 올라가지만 그 열이 오래가듯 시간을 들이고 마음을 기울이는 노력이 필요한 훈련이다.

마음의 온도 조율하기 훈련 1 : 듣기 훈련, 경청과 공감

내가 좋아하는 일은 새로운 사람을 만나고 알아가는 것이다. 새로운 사람을 만나면 낯선 우주를 탐험하는 것 같은 느낌이 든다. 이 세상에 똑같은 사람은 없기에 어떤 사람들을 만나도 그만의 고유한 스토리가 있고, 누구도 걸어보지 않은 인생 여정이 있다. 정말로 우주라고 비유할 만큼 독특하고 다양한 모습을 가지고 있다. 이렇게 새롭게 발견된 우주와 같은 사람들이 서로 알아가기 위해서는 연결 통로인 다리가 필요하다.

안전하고 튼튼한 다리를 건설하기 위해선 균형과 내구성을 갖추는 것이 중요하듯이 서로 다른 마음을 연결하기 위해서도 마음의 균형을 맞추고 돌다리를 두들겨가며 건듯이 서로 다른 마음을 단단하게 연결할 수 있는 능력을 갖추는 것이 중요하다. 이렇듯 서로의 마음을 알아가고 균형을 맞춰 연결되는 과정을 '공감'이라고 한다.

> 공감은 다정한 시선으로 사람 마음을 구석구석, 찬찬히, 환하게 볼 수 있을 때 닿을 수 있는 어떤 상태다. 사람의 내면을 한 조각 한 조각을 보다가 점차로 그 마음의 전체 모습이 보이면서 도달하는 깊은 이해의 단계가 공감이다. 상황을, 그 사람을 더 자세히 알면 알수록 상대를 더 이해하게 되고 이해하면 할수록 공감은 깊어진다.
>
> — 정혜신, 《당신이 옳다》, 해냄, 2018

다른 곳으로 향하는 모든 창들을 닫고, 누군가가 온전히 나에게 집중하여 마치 내 신발을 신고 내 입장이 된 듯 내 이야기를 경청해주면 춥고 어두웠던 내 마음에 따뜻한 빛이 비치는 경험을 하게 된다. 혼자서는 겁이 나서 가지 못했던 길을 밝은 빛을 가진 누군가가 손잡아 이끌어주면 갈 수 있는 것처럼, 공감은 두렵고 힘들어서 나조차 가보지 못했던 내 마음의 깊고 어두운 곳까지 용기 내어 들여다보게 하고 그곳에 놓인 귀한 보석 같은 내 문제의 정답을 찾아 들고 나오게 하는 힘이 있다.

내 마음을 공감해주는 누군가가 있다면 나의 연약함도 그 푸근함에 녹아 괜찮아지는 경험을 하게 되고, 그렇게 훈훈해진 마음의 온도로 인해 얼굴이 밝아지고 마음이 즐거워진다. 좋은 일은 누구에게나 쉽다. 하지만 안 좋고 힘든 일을 견뎌내기는 어렵게 마련인

데, 누군가 공감해주고 내 편이 되어주면 힘든 일이 덜 힘들고 어려운 일이 조금은 쉬운 일이 된다. 내가 받고 싶은 따뜻한 공감을 다른 사람에게 선물하는 일은 우리 모두 꼭 해야 할 훈련이다. 왜냐하면 한 인간의 아름다운 모습은 그를 믿고 사랑해준 사람들의 열매이고, 어두운 그림자는 그를 사랑해주기를 거부한 사람들의 반영이기 때문이다.

마음의 온도 조율하기 훈련 2 : 말하기 훈련, 사랑의 언어

한 젊은 남자가 사장님에게 월급을 올려달라고 말하겠다고 결심하고 출근하면서 아내에게 자신의 생각을 이야기했다. 용기를 내어 말한 그의 제안을 다행히 사장님이 들어주었고 의기양양하게 집에 돌아온 남편은 아내가 준비한 멋진 식탁에서 정성껏 쓴 카드 한 장을 보았다. "축하해요, 여보! 당신이 해낼 줄 알았어요. 오늘 저녁은 내가 당신을 얼마나 사랑하는지 보여주기 위한 것이에요"라고 적혀 있었다. 아내와 함께 풍성한 식사를 끝내고 디저트 내오는 것을 돕기 위해 부엌으로 가던 중 그는 아내의 주머니에서 떨어진 또 다른 카드 한 장을 발견했다. 그 카드에는 이렇게 적혀 있었다.

"월급이 오르지 않았다고 너무 염려하지 마세요. 그래도 당신은 마땅히 월급을 올려 받을 만해요. 오늘 저녁은 내가 당신을 얼마나 사랑하는지 보여주기 위한 것이에요."

남편의 마음을 헤아려주고, 그를 격려하기 위해 아름다운 식탁을 준비하고, 지혜로운 카드를 준비하는 속 깊은 아내의 배려는 마음의 온도를 맞추기 위한 말하기의 진수를 보여주고 있다.

게리 채프먼 박사는 《5가지 사랑의 언어》(생명의말씀사, 2010)에서 사람들마다 사랑의 언어(인정하는 말, 함께하는 시간, 선물, 봉사, 스킨십)가 다르다고 한다. 우리가 기억해야 할 것은 내가 좋아하고 받고 싶은 사랑 표현 방식이 아닌, 상대방이 사랑을 느끼는 방식으로 맞춤형 사랑 표현을 해야 한다는 점이다. 상대의 사랑의 언어를 알고 배려하는 행동이 마음의 온도를 맞추는 대화의 중요한 첫걸음이 될 수 있다.

- 어떤 이는 "나와 함께해주어 너무 고마워!", "늘 자랑스러워!"라는 인정하는 말을 통해
- 어떤 이는 상대방이 바쁜 시간을 쪼개어 나와 함께해주는 시간들을 통해
- 어떤 이는 어려워하는 자신을 위해 대신 힘든 일을 해주는 봉사를 통해
- 어떤 이는 상대방이 정성스레 준비한 선물을 통해
- 어떤 이는 손을 잡아주고, 안아주고, 키스를 나누는 행동을 통해 '아, 나는 사랑받고 있구나!'를 느낀다.

지금 이 순간, 나의 곁에 있는 사람의 마음을 따뜻한 온기로 채

우기 위해 그에게 필요한 사랑의 언어를 찾아보자. 내가 표현하는 사랑의 언어가 상대방이 듣고 싶은 사랑의 언어가 될 수 있도록 '사랑의 언어의 달인'이 되는 훈련을 열심히 해보자.

친밀감 쌓기 훈련

행복은 사이에 있다

'우리 사이 긍정회복 코칭 센터'는 내가 개인적으로 운영하는 연구소이다. 연구소의 이름을 작명하기 위해 오랜 시간 고민했다. 나만의 고유한 비전과 철학을 담은 감각적인 이름을 짓고 싶은 마음이 간절했다. 그렇게 탄생한 이름이 '우리 사이'다. 행복의 근원이자 사람을 회복시키는 힘은 사랑을 주고받는 '우리 사이'의 따뜻한 온기에서 출발한다는 나의 신념 때문이다.

상담을 하면서 새록새록 깨닫게 되는 것이 '사랑'의 힘이다. '사랑'은 나에게 추상적인 단어가 아닌 물리적인 단어로 다가온다. 사랑 그 자체가 사람의 마음에 긍정적인 변화를 가져오는 에너지원이라고 느끼기 때문이다.

'사랑의 힘'에 대한 깨달음을 얻게 된 경험이 있다. 나는 아침형 인간이고, 삼시 세끼 중 아침 식사를 가장 정성스럽게 차려 먹는다. 따라서 아침 묵상, 운동, 식사 준비, 출근 준비가 단시간에 진행되는 나의 아침은 정말 분주한 시간이다. 어느 날 아침, 한식 상차림과 과일 후식까지 잘 준비해놓고 갓 지은 밥을 떠서 식구들과 맛있는 아침 식사를 하려고 전기밥솥을 열었는데 따뜻한 밥 대신에 생쌀이 있었다.

너무 황당하고 어이가 없어 멍하니 밥솥을 쳐다보다가 문득 나의 내담자들이 떠올랐다. 따뜻한 김이 모락모락 피어나는 밥과 같은 삶을 살아야 하는데 사랑이라는 전기의 힘이 공급되지 않아 딱딱한 쌀과 같이 무미건조하고 삭막한 삶을 살아가는 안타까운 그들의 모습이 오버랩되어 떠올랐다. 한 사람의 삶에 꼭 필요한 요소는 사랑과 돌봄을 통해 온기를 공급하여 마음을 덥히는 지속된 사랑의 힘인 '친밀감'이다.

사랑 참 어렵다

세상에서 가장 어려운 일이자 가장 필요한 일 중 하나가 안정적인 사랑을 공급받는 것이다. 자동차의 성능이 아무리 좋아도 휘발유나 전기 등의 동력이 없이는 전혀 움직일 수 없다. 아무리 운동해서 몸매를 다듬더라도 몸에 산소와 음식이 꼭 필요하다. 이처럼 마음은 사랑의 힘이 채워져야 작동된다. 아무리 능력이 뛰어나고 돈이 많고 명예나 지위가 높아도 사랑이 부족한 마음은 뒤틀어지기 마련이다.

1938년 미국 하버드대학교는 한 사람이 태어나서 노년에 이르기까지 건강, 가정생활, 사회적 성취, 친구 관계, 직업 생활 등 삶의 전반적인 모습을 탐색하며 '무엇이 삶의 행복을 결정하는가?'라는 근본적인 질문에 대한 답을 찾아간 전인미답의 연구을 진행했다. 자선 사업가 허버트 그랜트의 후원으로 '그랜트 스터디'로 불리는 이 연구는 무려 75년동안 2년마다 연구 대상자들의 삶을 인터뷰하며 추적하였다. 그리고 연구 책임자였던 조지 베일런트(George Vaillant) 박사는 이 방대한 성인 발달 연구를 결산하면서 '행복은 오직 사랑을 통해서만 오며 그 이상의 행복 비결은 없다'는 소회를 밝혔다.

베일런트 박사는 안정적으로 사랑을 공급하여 건강하고 행복하게 살기 위해 필요한 요소로 '심리적 동화'를 제시했다. '심리적 동화'는 우리가 받은 사랑을 마음속에 간직하고 그 힘이 발현되는 과정이다. 누군가가 나를 사랑하고 있다는 확신이 있을 때 우리는 세상을 향해 나만의 목소리를 낼 수 있다. 심리적 동화를 경험하지 못하는 사람들은 사랑받고 사랑하는 일이 참 어렵게 다가온다.(김진영·고영건, 《행복의 품격》, 한국경제신문사, 2019)

금수저, 흙수저, 미래를 좌우하는 또 하나의 수저

'심리적 동화'의 힘을 나에게 직접 알려준 사람이 있

다. 미국 유학 중에 한국 사람들을 만나서 상담 실습을 하고 싶어 시카고로 상담 인턴을 갔던 곳에서 상담 박사 과정을 하는 한 인턴 언니를 만났다. 우리는 같은 신혼의 시기를 보내고 있었고 전공도 같아서 함께 일하며 마음을 나눌 정도로 깊은 사이가 되었다.

신중한 성격의 언니는 개인 신상에 대해 구체적으로 말하지는 않았지만 추측으로 알게 된 것은 자신과 같이 세계 최고의 대학에서 박사 학위를 받고 한국에서 교수가 된 남편, 재벌급 시댁, 시댁에 버금가는 꽤 부유한 가정 출신이라는 것이었다. 하지만 화려한 외면의 이력과 달리 언니는 늘 정서적 공허를 이야기하곤 했다. 그리고 신혼인데도 마치 황혼의 부부 같은 결혼생활의 어려움을 호소하였다.

언니는 초등학교 시절 스스로 유학을 보내달라고 할 정도로 당찬 아이였다. 그러나 부모의 따뜻한 품을 떠나서 외국에서 외로운 유학 생활을 하면서 오랜 시간 사랑을 그리워하게 되었다며, 자신의 선택이 큰 실수였다고 고백하였다. 그리고 자신은 절대 자녀를 조기유학 보내지 않을 거라고 힘주어 말하였다. 성장의 시기를 거치는 동안 경제적인 지원은 받았지만 정서적인 지원을 받지 못한 언니의 마음은 '삭막한 겨울'이라고 표현할 정도로 늘 사랑에 굶주리고, '사랑을 받는 것도 사랑을 하는 것도 너무 어려워하는 마음'이라고 했던 말이 내 마음에 각인되었다.

《정서적 흙수저와 정서적 금수저》(최성애·조벽, 해냄, 2018)라는 책에서 조벽, 최성애 교수는 사람의 미래를 좌우하는 '수저'가 하나 더 있다고 한다. 금수저로 태어났지만 자신이 불만스럽고 세상이 불편한 사람들이 있다. 그들은 경제적으로는 부유하지만 부모의 소유물처럼 살거나, 조건부 사랑을 받은 상처가 있고, 돈으로 외부인의 손에 맡겨져 자란 정서적으로 빈곤한 사람들이다. 그들은 미래에 대해 절망적으로 생각하고, 진흙탕 같은 암울한 인간관계 속에서 힘들어하는 '정서적 흙수저'들이다.

이와는 반대로 경제적으로는 흙수저로 태어났지만 자존감이 높은 사람들이 있다. 이들은 주로 화목한 가정에서 부모와의 안정된 애착에 둘러싸여 정서적으로 풍요로운 양육을 경험한 사람들이다. 그래서 다양한 사람들과 좋은 인간관계를 맺고, 긍정적인 인생대본을 가지고 있으며, 어떤 역경을 만나도 평정심을 갖고 희망찬 미래를 꿈꿀 수 있는 '정서적 금수저'들이다.

정서적 수저의 색깔을 결정하는 애착

이런 정서의 질을 결정하는 중요한 개념이 '애착'이다. 인간은 어떤 존재보다 더 무기력하게 태어난다. 영유아들은 스스로는 아무것도 할 수 없기 때문에 생존을 위해 주 양육자에게 절대적으로 의지하게 된다. 아이들은 시각, 청각, 후각, 미각, 촉각 등을 통해 자신을 돌봐주는 사람에게 적극적으로 적응하도록 두뇌가 프로그램되어 있다. 이처럼 영아기의 아이들이 부모처럼 자신과 가장 가까운 사람에게 느끼는 강한 정서적 유대감을 '애착'이라고 한다.

생존을 위해 필수적인 돌봄과 애정이 안정적으로 공급되면 아이들은 자신들이 경험하는 낯설고 새로운 세상을 따뜻하고 안정적이며 자신을 환영하는 긍정적인 공간으로 인식하여 안정적인 애착을 형성하게 된다. 반면 아무리 울고 소리치고 노력해도 기본적인 욕구들이 충족되지 않거나 충족된다 하더라도 그 방법이 불규칙적이고 피상적이며 메마른 경험이면 감각적인 기록을 통해 세상과 사람에 대해 부정적인 기억과 불신을 갖게 되며 불안정적인 애착을 형성한다.

영아들은 주 양육자와 24시간 함께하며 수많은 경험을 하기 때문에 그들이 받게 되는 인상과 기억들은 동일한 패턴이 반복되면서 '나라는 존재'에 대한 이미지를 형성하게 된다. 또한 양육자의 반응을 통해 타인을 향한 기대가 형성되어 마음에 독특한 틀인 '내적 작동 모델'을 형성하게 된다. 어떤 형태로 홈이 팬 틀에 재료를 부어 동일한 물건들을 많이 재생산하는 것처럼 아이들의 마음에 새겨진 '내적 작동 모델'인 애착은 주 양육자와의 관계를 이후에 생성되는 모든 관계, 즉 형제 관계, 친구 관계, 연인 관계 심지어 부부관계에 이르기까지 동일한 모습을 찍어내듯 일정한 관계 패턴을 반복하게 한다.

어린 시절부터 안정적인 정서를 가진 부모의 따뜻한 사랑과 지속적인 관심을 받고 자란 아이들은 세상과 타인을 긍정적으로 평가하고 적극적인 관계를 추구한다. 하지만 부모가 아이 양육에 무지하거나 정서적으로 안정되지 않아 일관적인 양육을 하지 못한 경우, 아이들은 세상과 타인에 대한 신뢰를 잘 형성하지 못하고 자신을 긍정적으로 받아줄 거라는 확신이 없어 관계에 소극적이거나 부정적인 태도를 갖게 된다. 그리고 이런 대인관계 패턴들은 관계를 넘어 학업, 직업, 사회적 적응에도 광범위하게 영향을 미친다. 그렇기 때문에 어린시절 '애착'의 질이 한 사람의 인생을 좌우한다고 해도 과언이 아니다.

인생의 덫, 불안정한 애착

대학생들을 상담하다 보면 이성 친구 바꾸기를 식당 메뉴 바꾸듯 하는 특이한 유형의 학생들을 만나게 된다. 이야기를 나누다 보면 자신이 좋아하지 않는 이성 친구이지만 자신을 좋다고 하면 그냥 사귄다. 이러한 애정 없는 관계는 금방 끝나게 된다. 그리고 정말 깜짝 놀랄 정도로 빠른 시간 안에 새로운 이성 친구가 생겼다고 알려준다.

반면 정말 좋아하는 이성 친구가 있지만 다가가기를 무척 두려워하고 운이 좋아 상대가 먼저 알고 다가오면 죽어라 도망가는, 정말 마음 아픈 모습이 반복되는 또 다른 유형도 볼 수 있다. 인지행동치료 연구가인 제프리 영(Jeffrey E. Young)은 이렇듯 반복되는 불안정한 애착이 만들어내는 파괴적인 정서적 패턴들을 '인생의 덫'이라고 표현했다.(제프리 E. 영, 자넷 S. 클로스코, 《새로운 나를 여는 열쇠》,

열음사, 2009) 인생의 덫으로 인해 왜곡된 정서는 대인관계에서 친밀감 폭식형, 친밀감 포기형, 친밀감 거식형으로 표현될 수 있다. 각 유형의 특징은 다음과 같다. (박용철, 《감정은 습관이다》, 추수밭, 2013)

친밀감 폭식형

상대의 관심을 지나치게 갈구한다. 버림받을 것을 걱정해 수시로 애정을 확인하려 한다. 상대의 의견에 무조건 따르며 상대에게 지나치게 의존한다. 자신이 결정하지 않고 무조건 상대가 결정해 주는 대로 따르며 상대에게 종속되려 한다.

친밀감 포기형

자신은 어디에도 잘 어울리지 못한다고 생각한다. 자신이 남들과 다르다고 생각한다. 소외감을 자주 느낀다. 남들이 자신에 대해 모든 것을 알면 떠날 것이라고 생각한다. 스스로 결함이 많은 사람이라고 생각한다.

친밀감 거식형

상대의 의도에 대해 항상 의심하고 불신하며 아무도 믿지 않는다. 다른 이의 생각에는 관심이 없고 자기 위주의 행동을 한다. 사무적이고 일과 관련된 것에만 집중한다. 소위 왕자병, 공주병이라고 하는 행동들을 보인다. 남들을 배려하지 않고 이기적인 느낌을 준다.

사랑의 치유 기능

불안정한 애착의 결과물을 '인생의 덫'이라고 표현한 제프리 영의 마음은 이해되지만 나는 동의하고 싶지 않다. 오히려 이런 왜곡된 대인관계의 패턴들을 딱딱하고 생명력이 없는 인공물인 덫이라는 표현보다 '세월의 흔적이 남긴 상처'라는 좀 다른 표현으로 바꾸고 싶다. 상처는 저절로 회복되기도 하고, 흔적이 남아도 희미해지기도 하고, 뚜렷한 상처가 있으면 스카프나 옷으로 덮을 수 있는 변형 가능한 비유가 더 적절하다는 생각이 든다. 왜냐하면 우리의 애착 유형과 관계 패턴은 이후의 양질의 관계 경험을 통해 변화가 가능하기 때문이다.

'애착의 중요성'에 관한 다큐 프로그램을 통해 애착이 변화될 수 있다는 것을 보여준 사례가 있다. 정신적으로 건강하지 못했던 엄마의 양육과 연이은 부모의 이혼으로 인해 시골 할머니 집에서 길러진 아이가 있었다. 다행히 아이의 아버지는 심리적으로 안정되고 건강한 아내를 새로 만나게 되었고 시골집에 맡겨졌던 아이를 새 가정으로 데려왔다.

정서적으로 안정되고 아이의 눈높이를 맞출 줄 아는 새엄마는 눈도 마주치지 않고 음식도 거부하며 폭력적인 모습을 보이는 아이를 자신의 집으로 데리고 와서 인내의 시간을 보내며 새로운 관계를 쌓아갔다. 시간이 지나면서 새엄마의 따뜻한 양육을 받은 아이는 이후 애착 검사에서 안정적인 애착을 보이는 전혀 다른 아이로 변화되었다.

애착이 긍정적으로 변화될 수 있다는 사실을 보여준 동영상을 보면서 정말 다행이라는 생각이 들었다. 부모를 선택할 수 없고 강제로 무기력한 어린 시절을 보낼 수밖에 없는 우리의 운명이 변화될 수 없다는 것은 너무나 가혹하기 때문이다. 하지만 사랑은 언제나 우리를 건강하게 변화시킬 수 있다.

부모 없이 고아원에서 자란 여성들이 성인기에 좋은 엄마가 될 가능성을 예측하는 연구에서도 학교에서 교사와 좋은 관계를 맺은 경험이나 배우자와 사랑하는 관계가 긍정적인 영향을 끼치고 있다는 사실을 발견하였다. 중요한 점은 상대적으로 더 사랑스러운 특성을 가진 여성이 더 사랑스러운 배우자를 만나는 것이 아니었다. 이들의 불우한 삶을 변화시켰던 핵심 요인은 바로 사랑하는 관계를 맺는 경험 자체였다. 이처럼 결핍의 상처는 사랑의 관계를 통하여 치유될 수 있다.

친밀감 쌓기 훈련 : 프리즘 같은 사랑 나누기

"사랑받지 않는 것은 단순한 불행이다. 진정한 수치는 사랑하지 않는 것이다."

소설가 알베르 카뮈(Albert Camus)가 남긴 잊지 못할 명언이다. 사랑하는 행위 자체에서 우리는 다른 존재의 그 순수한 아름다움을 사랑하는 능력을 가졌다는 사실을 알 수 있다. 그리고 자신을 사랑할 수 있을 때 비로소 타인을 사랑할 수 있는 능력을 가질 수 있다. 왜냐하면 우리는 자신이 가지고 있는 것만을 다른 사람에게 베풀 수 있기 때문이다. 스스로에게 애정과 관심을 보일 수 있을 때, 우리는 다른 사람에게도 그 감정을 줄 수 있는 준비가 된다.

《로맨틱 소울》(잭 캔필드, 마크 빅터 한센, 화니북스, 2001)을 읽으며 이 원리를 깊이 깨닫게 되었다. 이 책에는 '젠슨 레이시'라는 프리랜서 기자가 쓴 인상적인 인터뷰 글이 나온다. 그가 인터뷰한 '제임스'라는 노인에게는 장미를 무척 좋아했던 아내가 있었다. 그는 아내가 죽자 너무도 큰 슬픔에 빠졌고, 아내에 대한 사랑은 식을 줄 몰랐다. 그래서 그는 사랑하는 아내를 추억하며 교회 산책로에 장미를 심기 시작했다.

장미 몇 그루를 심는 것으로 시작된 이 일은 수십 년이 지나 교회 주변이 형형색색의 아름다운 장미 덩굴로 넘쳐날 때까지 계속되었다. 그곳은 장미 향기로 가득했고 풍성하고 우아한 장미꽃들이 눈을 사로잡았으며 연인들이 사랑을 고백하는 특별한 곳이 되었다. 진한 장미 향기 속을 거닐며 인터뷰를 한 후 젠슨 기자가 적은 소감문이 무척 인상적이었다.

> 진한 장미의 향기 속에서 그와 나는 말없이 앉아 있었다.
> 그의 내면에서 그의 사랑을 지키도록 해준 것은 무엇일까?
> 그때 문득 어떤 사람들은 프리즘 같다는 생각이 스쳤다.
> 빛을 가진 누군가가 사람들 근처에 있고,
> 그 빛이 사람들에게 비쳐서 다른 많은 색으로 굴절되는 것이다.

프리즘은 그 자체로 빛을 낼 수 없고,

빛은 그 자체로 무지갯빛 같은 아름다운 색으로 나눠질 수 없다.

제임스의 아내는 분명 남편의 빛을 되비치고 확대시키는

프리즘 같은 사람이었을 것이다.

아내가 그를 완성시켰기 때문에 그는 아내를 완전하게

만든 것이다.

이 글을 읽으며 '프리즘 같은 사람'이라는 단어가 마음에 다가왔다. 다른 사람이 가진 투명한 빛이 나와 함께한 시간과 경험을 통과할 때 더 아름다운 무지갯빛으로 퍼져나가는 것은 얼마나 소중하고 숭고한 경험일까? 나 역시 상대방을 만나서 그동안 알지 못했던 나의 강점을 알 수 있게 된다면 얼마나 행복할까? 그리고 부부라는 독특한 인연으로 만난 사람들이 이런 경험을 할 수 있다면 그 자체로도 아름답고 감동적이지만 두 사람의 인연으로 연결된 수많은 사람들에게 얼마나 유익할까? 이런 생각이 들었다.

나에게 프리즘이 되어준 사람은 누구일까? 나는 누구에게 프리즘 같은 사람이 되어 아무리 시간이 흘러도 충만한 사랑을 기억하고 나눌 수 있게 할 수 있을까? 프리즘 같은 사람이라는 화두를 늘 마음에 품고 살아가면서 더 따뜻한 사랑을 나누는 삶을 살고 싶다.

격려 증진하기 훈련

내 마음에 그린 라이트가 들어온 순간

얼마 전 한 병원에서 특강을 진행하게 되었다. 플러스 라이프 프로그램을 활용하여 오랫동안 이명으로 고통당하는 환자들이 생각 훈련으로 증상을 조율하고 삶의 행복도를 올릴 수 있는 방법에 대한 강의를 진행했다. 강연이 끝나고 한 환자가 할 이야기가 있는 듯 조심스레 다가왔다. 늘 병원에 오면 불안감이 커졌고, 그 불안감을 어디서도 치유받지 못해 힘들었는데 오늘 강연이 자신에게 큰 희망과 용기를 주었다는 이야기를 꼭 전하고 싶다고 일부러 찾아왔다.

그분이 찾아와 전해준 작은 격려가 오후 내내 내 마음을 환하게 밝혀 주었다. 내 마음에 '그린 라이트'가 '탁' 하고 켜지는 경험이었다. 세상이 밝아지는 느낌, 삶에 의욕이 생기는 느낌, 연구와 강연을 위해 더 많은 시간과 노력을 쏟고 싶은 마음이 솟아났다. 매달 정기적으로 하는 강연이었지만 그 환자가 전해준 짧은 격려는 그동안 내가 노력하고 준비한 강의가 누군가의 고통스러운 삶을 행복한 삶으로 바꾸는 데 작은 기여를 했다는 사실을 확인하며 나의 삶의 의미가 충만해지고 행복감이 밀려왔다.

사람의 마음에는 채워지길 기다리는 공간이 있다. 그곳은 있는 모습 그대로 우리를 인정해주고 사랑해줄 때 채워지는 공간이다. 그리고 사랑과 인정으로 그 공간을 채우는 일은 칭찬과 격려라는 길을 통해야만 가능하다. 우리 마음의 그린 라이트는 그 공간이 채워질 때 반짝반짝 빛난다. 작은 칭찬과 격려로 무미건조하고 평범했던 삶이 신나고 재미있는 삶으로 변화된다.

마음의 풀기를 세우기 위한 풀매기, 격려

최근에 한 글을 읽다가 '풀'이라는 단어를 새롭게 생각해보게 되었다. 자연에 있는 '풀'만 떠올리던 나에게 마음의 상태인 '풀'이라는 새로운 의미를 일깨워주었다. 마음의 상태를 나타내는 '풀'은 씩씩하고 활발하며 용기 있는 기운을 의미한다. 반대로 '풀이 죽어 있다'라는 표현은 용기가 꺾이고 절망한 모습을 묘사할 때 쓰인다. 사랑을 많이 받은 아이들은 풀이 살아 있어 밝고 당당한 모습이다. 누가 칭찬을 해도 자연스럽게 받아들이고, 자신이 원하는 삶의 방향을 잘 찾아가고, 어른들이나 친구들과도 편하게 잘 지낸다. 반면 마음에 그늘이 깃들어 풀이 죽어 있는 아이들은 칭찬을 하면 오히려 화를 내거나 부인하고, 자신의 강점보다는 약점에 집중하며, 생각과 마음을 타인들과 나누는 것을 참 힘들어한다.

얼마 전 만난 한 내담자가 그런 경우였다. 지적으로 아주 뛰어나지만 늘 자신감이 없고 도전하지 않는 자녀로 인해 걱정이 많은 내담자였다. 처음에는 자녀 이야기로 시작된 상담이 어느새 내담자 자신의 이야기로 흘러갔다. 자신도 학창 시절 늘 1등을 했던 우수한 학생이었지만 지금껏 원하는 대로 살아보지 못하고 늘 수동적이고 타인의 시선을 두려워하는 모습으로 살아왔다. 그리고 지금 느끼는 마음의 짐은 단지 아들의 문제가 아니라 자신의 문제가 투영되어 더 많이 힘들어한다는 사실을 통찰하게 되었다.

상담을 진행하면서 내담자는 어린 시절 아빠를 닮아 잘생기고 똑똑한 오빠와 달리 엄마를 닮아 수수한 외모를 가졌던 자신을 늘 비교하고 지적했던 엄마의 남다른 편애가 큰 상처였음을 발견하게 되었다. 어른이 되었지만 여전히 풀이 죽어 있는 아이의 마음으로 살아가고 있는 자신과 그 모습을 은연중에 닮아가고 있는 아들을 보며 그녀는 변화하기로 결심했다. 그리고 변화의 출발점이 자신이 스스로를 격려하고 인정하는 것임을 깨닫게 되었다.

이처럼 마음의 풀을 싱싱하고 활발하게 하기 위해 필요한 작업이 '마음의 풀매기'이다. 정원 잔디밭의 잡초는 뽑고 또 뽑아도 쉴 새 없이 자라기 때문에 풀매기는 정말 많은 노력이 요구된다. 이처럼 마음의 풀기를 살리는 일도 동일하다. 매일매일 마음의 잡초인 부정적인 생각들을 잘 뽑아내 정리해주고, 내 안에 강점과 긍정적인 면, 좋고 기쁜 일들을 모아 잘 세워줄 때 풀이 죽지 않는 사람, 절망하지 않고 희망으로 견고한 사람이 될 수 있다.

양날의 검, 칭찬

EBS 프로그램 〈다큐 프라임〉에서 칭찬에 관한 실험을 실시했다. 유치원에서 아이들이 좋아하지는 않지만 몸에는 좋기 때문에 먹어야 하는 야채 주스 마시기를 두 그룹으로 나눠 진행한 실험이었다. A 그룹에게는 특별한 언급 없이 선생님과 아이들이 야채 주스를 꾸준히 일정한 시간에 마시게 하고 그 양을 측정했다. B 그룹에게는 야채 주스를 잘 마시는 아이들에게 칭찬 스티커를 주다가, 일정한 시간이 지나고 나서는 칭찬 스티커를 주지 않고 마시게 하여 변화량을 측정했다.

그 결과 A 그룹의 아이들이 마신 야채 주스의 양은 꾸준히 증가했지만, B 그룹의 아이들은 칭찬 스티커를 주었을 때는 A 그룹의 아이들보다 월등히 많은 양의 야채 주스를 마셨지만 칭찬 스티커를 주지 않았을 때 마신 주스의 양이 급격히 줄어드는 현상이 나타났다. 칭찬에는 순기능만 있는 것이 아니라 역기능도 있음을 보여준 사례였다.

칭찬의 이면에 숨어 있는 부정적인 모습은 다음과 같다.

- 과시하고 싶어 하는 마음을 심어준다.
- 잘할 때만 좋은 사람으로 받아들여진다는 오해를 갖게 한다.
- 실패가 나쁜 것이라는 착각을 하게 한다.
- 어려워지면 실패에 대한 두려움이 생겨 노력을 중단해버린다.
- 칭찬에 매여 적절치 못한 행동으로도 칭찬받으려 한다.
- 내 마음의 주인이 되지 못하고 타인에게 의존하게 된다.

칭찬과 격려의 같은 듯 다른 모습

칭찬은 잘한 일을 높이 평가하는 말이기에 결과 중심이다. 반면 격려는 결과가 나왔을 때뿐 아니라 어떤 일을 하기 전, 진행 과정, 또 실패했을 때도 다양하게 사용할 수 있다. 칭찬과 격려 모두 동기를 유발하고 자신감을 가지게 하지만, 칭찬에는 다른 사람과의 비교가 깔려 있을 때가 많고, 칭찬받을 행동을 하지 않았을 때는 처벌이 있을 수 있음을 내포하고 있다. 따라서 칭찬하는 언어는 상반되는 감정을 만들어내지만, 격려하는 언어는 윈윈(Win-Win)하는 감정을 갖게 함으로써 모든 사람들에게 유용한 결과를 가져다준다. 격려는 결과보다 과정이나 노력, 변화에 초점을 맞추기 때문에 더 깊은 안정감을 준다.

칭찬은 쓰기 힘든 양날의 검이라면, 격려는 튼튼하고 유용한 검이라 할 수 있다. 격려는 칭찬의 강점은 살리고 역효과를 예방할 수 있는 좋은 방법이다. 격려는 용기를 부여해주며, 상대가 기분 좋은 상태일 때는 더욱 강한 의욕을 심어주고, 침울할 때는 다시 시도할 수 있는 에너지를 갖게 해준다. 격려받을 때 우리 마음에는 '나는 할 수 있다'라는 용기가 생겨난다. 또한 격려는 하는 이가 받는 이를 신뢰하고 있음을 보여주고, 존중하고 믿고 있다는 것을 행동으로 표현하는 것을 말한다. 나아가 실수와 결점이 있더라도 있는 그대로의 모습으로도 충분하다는 것을 알려주는 소중한 행동이다.

격려 증진하기 훈련 : 격려 레시피

격려를 통해 우리의 삶을 신나고 맛나게 하는 레시피가 있다면 무엇일까?

과거나 미래보다 지금 여기 현재에 초점을 맞춰 격려한다

예전에 잘했다고 지금도 잘되라는 법도 없고 미래의 일이야 알 수 없는 일이니 현재 그 사람이 살아가고 있는 모습을 잘 관찰하여 강점을 찾아 알려주고 인정해주는 것이 중요하다. 누구에게나 할 수 있는 '잘했어요', '멋져요', '예쁘다' 등의 표현은 듣는 이의 마음에 큰 감동을 주지 않는다. 반면에 "보라색이 잘 어울리네요. 평소와 달리 신선한 느낌이 들어요"처럼 그 사람에게만, 그 순간에만 할 수 있는 말들을 하는 것이 좋다. 그러나 이것은 쉽지 않다. 연습이 필요하다. 섬세하게 그 상황을 바라보는 눈과 정성이 필요하다. 또 무엇보다 그 사람을 생각하는 시간이 필요하다.

구체적인 행동을 격려한다

과한 칭찬은 부담을 주지만 구체적인 행동에 대해 보여주는 따뜻한 반응이 상대방에게 부담 없이 다가가고 세심한 관심을 받고 있다고 느끼게 한다. 사진을 찍는 것처럼 있는 그대로의 모습에 관심을 가져주는 것, 더하지도 덜하지도 않는 현재의 모습에 구체적인 관심을 보여주는 것이 필요하다. 상대를 무관심하게 보는 사람이 있는가 하면 작은 행동에서도 큰 강점을 발견하는 사람이 있다. 그러려니 하면서 보는 것과 그 속에서 감탄과 감동을 발견하여 알려주는 것은 다른 차원이다. 무엇보다 있는 그대로의 모습을 감동과 감탄 어린 눈으로 바라볼 때, 사랑받는 느낌은 충만해지고 자존감은 올라간다.

결과보다 과정을 격려한다

과정을 본다는 것은 노력을 본다는 것이다. 작은 진보와 묵묵한 노력에도 눈길을 주는 것을 말한다. 사람은 결과보다 과정에 관심을 가져주어야 의욕이 샘솟는다. 과정에 초점을 맞춰 격려하면 과정 하나하나에 정성을 기울이는 사람으로 성장한다. 시험 결과보다 며칠 동안 보여준 노력을 격려해주고, 어떤 도전에서 실패하거나 떨어졌을 때도 몇 번을 넘어져도 다시 일어나 도전하는 모습을 격려해주며, 결과보다 과정의 한순간 한순간이 더 소중하고 빛나는 시간임을 알려주는 것이다.

잘못과 실패를 배움의 기회로 삼도록 격려한다

격려가 가장 필요한 때는 잘못과 실패의 순간이다. 대부분 잘못하면 죄책감으로 낙심하고 자신감을 잃게 된다. 하지만 솔직한 나의 마음을 알려주고 긍정적인 대안을 찾기 위해 함께 대화한다면 상황을 반전시킬 수 있다. '크게 넘어진 사람이 실패한 것이 아니라 넘어졌다고 주저앉은 사람이 실패한 사람이다'라는 말처럼 잘못과 실패를 배움의 기회와 자산으로 삼을 수 있도록 격려한다.

잘못보다는 잘한 점을 격려한다

어두운 방에서 더듬거리며 물건을 치우기 위해 애쓰는 것보다 환한 등 하나를 켜주는 것이 더 바람직하다. 무엇을 틀렸는지 어디를 고쳐야 하는지를 강조하는 방식보다는 이번에 어떤 강점을 보였는지 어느 부분에서 힘을 발휘했는지에 대해 더 집중하면 자신이 잘하고 있다는 확신이 들면서 더 잘하기 위해 자신을 가다듬고 누가 지적하지 않아도 부족한 부분을 메우려고 노력하게 된다.

외적인 동기보다 내적인 동기를 격려한다

외부로 보여지는 뭔가를 얻기 위해 하는 일보다 내면에서 스스로 발현되는 마음의 움직임을 격려해준다. 자신도 알기 힘든 깊은 심정을 알아주고 읽어주면, 자기 스스로에 대한 믿음과 신뢰가 쌓인다. 그래서 다음에 '더 잘해보고 싶다', '제대로 해보고 싶다' 또는 '나다운 사람이 되자'와 같은 삶의 소중한 가치에 관심을 두게 된다.

존재 자체로 존중받을 수 있고 가치있는 사람임을 격려한다

존중은 그가 어떤 사람이어서가 아니라 그저 우리와 함께 이 우주를 살아가는 동반자이기에 당연히 주어지는 가치다. 모든 생명이 귀하고 가치 있게 존중받아야 하는 것이 당연하기 때문에 '그 어떤 이유 때문에, 어떤 과정 때문에'가 아니라 존재 자체로 이미 충분하다는 걸 인식시켜준다.

격려의 내리사랑

리더십의 대가 존 맥스웰은 자신의 책 《격려》(넥서스, 2008)에서 격려의 '내리사랑'을 이렇게 표현한 바 있다.

> 세상은 감사의 마음을 원하고 칭찬에 목말라 있다. 그러나 누군가 먼저 자기 동료를 칭찬한다면 공을 굴리기 시작하는 것과 같을 것이다.

이처럼 격려는 '내리사랑'이다. 격려도 받아본 사람이 더 잘할 수 있다. 시집살이를 많이 당한 어머니들이 너무 힘들어서 자신의 며느리에게는 시집살이를 시킬 것 같지 않지만 현실은 다르다. 시집살이를 당한 사람이 더 혹독한 시어머니가 되는 경향이 있다. 왜냐하면 며느리로서 사랑을 받아보지 못한 사람은 며느리에게 사랑을 표현하는 방법을 잘 알지도 못한다. 언제나 자신이 받아온 익숙한 반응이 자신도 모르는 사이에 말과 행동으로 배어 나오기 때

문이다. 반면 시어머니의 따뜻한 사랑을 받은 사람들은 특별히 노력하지 않아도 자신이 받은 대로 며느리에게 해주다 보면 저절로 좋은 시어머니가 된다.

최근에 남편이 내가 친정 부모님과 교류하는 모습을 보면서 한 가지 특징을 발견했다고 말하였다. "장인어른의 전화는 주로 정보를 교류하는 내용이라면, 장모님은 늘 칭찬하고 격려할 일이 있을 때 연락을 하시는 것 같아. 장모님이 자식들에게 격려하시는 모습이 참 인상적이었어." 그 말을 듣기 전까지는 늘 엄마와 사이가 좋은 모녀지간이라고만 생각했다. 별문제 없이 성장해온 내가 좋은 딸이라고 생각했는지도 모른다. 하지만 남편의 객관적인 관찰을 통하여 엄마의 칭찬과 격려가 나를 키우고 성장시켜왔음을 다시 한 번 돌아보게 되었다.

요즘 상대방의 입장에서 생각하는 연습을 하고 있는데 엄마, 아빠 입장에서 생각해보니 엄마, 아빠도, 부모가 되는 것은 처음이라는 사실을 깨닫게 되었어요. 어떻게 보면 정말 당연한 일이지만 그럼에도 불구하고 엄마, 아빠는 참 잘하고 있다고 말해주고 싶었어요. 학년이 올라가고 그에 따라 공부해야 할 양도 많아져서 부담이 될 때가 많은데 엄마, 아빠가 해주는 격려의 말 속에 담긴 위로와 힘으로 잘 이겨나가고 있다는 생각이 듭니다. 엄마, 아빠는 당연한 것처럼 말씀하시지만 저의 열정에 든든한 지원군이 되어주셔서 정말 감사해요.

얼마 전 생일을 맞이했던 딸아이에게 받은 편지의 일부이다. 열일곱 살이 되고 나니 항상 자신만 생각했던 생일이 아닌, 낳아준 부모를 생각하게 되었다며 감동적인 편지를 보내왔다. 돌아보니 아이에게 받은 따뜻한 격려의 편지에도 엄마의 내리사랑의 흔적이 깊이 배어 있음을 알게 되었다. 내리사랑을 통해 사람을 격려하는 것은 격려가 아니고서는 달리 얻을 수 없는 용기를 주는 일이고, 한 사람이 사람답게 성장하는 데 필수불가결한 요소임을 깨닫게 되었다. 내가 해준 격려의 말과 행동이 누군가의 삶을 밝히는 따뜻하고 환한 빛이 될 수 있음을 기억하고 꾸준히 실천하며 살아야겠다는 결심을 하게 된다.

용서 베풀기 훈련

용서는 남을 위한 것이 아니라 나를 위한 것이다

용서할 힘을 지니지 못한 사람은 사랑할 힘도 지니지 못한다.

— 마틴 루터 킹

우리는 앞에서 '사랑의 힘'이 우리 삶에 얼마나 필요한 요소인지 살펴보았다. 사랑은 그 자체로 삶의 에너지로 작용하고, 우리 삶의 긍정적인 순환의 시작점이라고 강조했다. 그런데 마틴 루터 킹은 우리 마음의 온도를 따뜻하게 밝혀줄 빛의 시작을 방해하고 한 사람의 삶을 차가운 어둠 속에 가두는 일이 용서하지 못하는 아픔이라고 하였다.

미워하고 분노하고 복수하고 싶은 마음은 사랑하고 사랑받아야 할 마음의 가장 반대편에 있다. 누군가를 미워하는 동안 우리는 자신도 사랑할 수 없게 된다. 그리고 차가운 마음의 감옥에 갇혀 반복되는 부정적인 사고의 노예가 되고, 우리의 삶은 천천히 소리 없이 망가져 간다.

어느 날 남편이 자신의 직장동료가 병원에 입원했는데 대신 병문안을 가달라고 부탁했다. 싱글인 여직원이 부인과 질환으로 응급수술을 받게 되었는데 남자가 가면 민망해할 것을 염려한 것이었다. 그 직원에 대해 알게 되자 안 그래도 힘들게 느껴졌던 병문안이 더 망설여졌다. 그 직원은 자신이 하는 일에는 빈틈없이 유능했지만, 늘 말수가 적고 웃음기가 없으며 사람들과도 잘 어울리지 않는 독특한 사람이었다.

어색한 방문이 될 거라고 생각했는데 병실에서 만난 그녀는 내가 생각했던 사람이 아니었다. 평소와 달리 이번 일을 겪으면서 깨닫게 된 자신의 경험을 잔잔하게 이야기해주었다. 덕분에 짧게 다녀오면 될 거라고 생각했던 병문안이 생각보다 길어졌다.

갑작스러운 하혈로 인해 한 번도 가보지 않은 부인과 병원에서 생사를 오가는 수술을 받게 된 그녀는 충격과 함께 자신의 지나온 삶이 파노라마처럼 지나가는 경험을 하게 되었다. 그리고 오랜 세월 동안 한 사람을 미워하느라 허비한 자신의 삶이 너무나 억울했다. 그래서 수술이 끝나고 건강해지면 평생 동안 지니고 있었던 분노를 내려놓고 자신을 위해 행복한 삶을 살기로 결심했다.

그래서인지 회복 중인 병실에서 만난 그녀는 마치 다른 사람인

양 부드러워져 있었다. 그리고 자신의 개인적인 내밀한 이야기를 나에게 진솔하게 들려주었다. 나는 아무 질문도 하지 않고 묵묵히 끝까지 다 듣고 난 후 그녀의 지혜로운 선택을 응원하고 아주 긴 방문을 마치고 돌아왔다.

그날의 만남을 통해 나는 '용서는 나를 위한 것'이라는 소중한 교훈을 깨닫게 되었다. 누군가를 용서하지 못하는 삶이 얼마나 자신을 망치는 일인지 느끼게 되었다. 용서에 대한 잘못된 지식과 오해가 '용서는 못 하는 것이 아니라 안 하는 것'으로 만들어왔다는 각성을 하게 되었다. 그리고 용서하는 일이 나를 가장 사랑하기로 한 선택이 될 수 있음을 깊이 깨달았다.

용서에 대한 오해 풀기 1 : 용서의 정의 제대로 알기

'용서'는 많은 오해를 받고 있는 단어이기 때문에 제대로 이해하기 위하여 노력과 훈련이 꼭 필요하다. 용서에 대해 잘 알지 못했기 때문에 우리는 용서하지 못한다. 이처럼 용서에 대한 오해는 그 정의를 잘못 알고 있는 데서 비롯된다. 용서의 개념부터 명확히 살펴보자.

> 분노에 집착하는 것은 누군가에게 던지기 위해 뜨거운 숯을 움켜쥐고 있는 것이나 마찬가지다.
>
> — 부처

우리가 누군가에게 뜨거운 숯을 던진다면 그 이유는 뜨거운 숯불이 상대방에게 꼭 붙어 그를 완전히 태우길 간절히 원하기 때문일 것이다. 그런데 한번 잘 생각해보자. 정말 상대방이 뜨거운 숯불로 태워지길 간절히 원한다면 숯불을 던지는 우리의 모습은 어떨까? 뜨거우니 대충 들어서 얼른 던지게 될까? 아니다. 우리는 아무리 뜨거워도 신중히 겨냥하며 정확도를 기하기 위해 고민을 하고 오랜 기간 잘 맞출 수 있는 방법을 강구할 것이다. 그 순간 우리는 내 손과 내 몸이 타는 것을 인지하지 못한다. 정확하게 던지고픈 마음이 너무 간절해서 시간을 흘려보내며 결국은 내 몸을 태우는 어리석음을 범하고 만다.

> 용서란 나에게 상처를 준 사람을 용서하는 것뿐만 아니라 다른 사람을 미워하는 그 마음으로부터 나를 놓아주는 것이다.
>
> — 달라이 라마

달라이 라마는 우리가 꼭 알아야할 용서의 핵심을 잘 알려주고 있다. 용서는 나에게 상처를 준 사람을 용서하는 것만이 아니다. 어쩌면 더 중요한 부분이 '다른 사람을 미워하는 마음으로부터 나를 놓아주는 것'일 수 있다. 우리 모두가 잊고 있었던 용서의 또 다른 반쪽이다. 용서는 남과 상관없이 실천할 수 있는 행동이다. 분노하고 미워하는 마음에서 나를 해방해주는 것이 용서의 중요한 부분이다. 그러면 용서가 조금 더 가능해지고 가까워진다. 나를 위해 내 마음을 놓아주고 쉬게 해주는 용서는 언제든 할 수 있고, 그 순간 내 손과 내 몸이 타는 분노로부터 해방되는 현명한 선택이기도 하다.

> 용서는 자기가 원하는 것을 삶이 허락해주지 않았을 때도 평화롭게 살아가는 것이다.
>
> — 프레드 러스킨

스탠퍼드 대학교에서 오랫동안 용서 프로그램을 운영하며 용서에 대한 연구와 책을 통해 '용서 실천'을 가르치고 있는 '용서 전문가' 프레드 러스킨(Fred Ruskin) 박사는 우리에게 꼭 필요한 용서의 개념을 설명하였다. 그의 글을 읽으며 저절로 머리가 끄덕여졌다. 나이가 들면서 깨닫게 되는 진리 중 하나는 '세상은 공평하지 않다'는 것이다. 공평의 기준은 입장에 따라 다르기 때문에 공평에 집착하는 순간 내 삶이 망가진다.

삶의 불공평에 직면하는 순간 러스킨 박사의 충고대로 '내가 원하는 것을 삶이 허락해주지 않을 때도 평화로워야 한다'는 조언을 묵상하며 새 길을 찾아야 한다. '세상의 공평'보다 더 중요한 '나 자신의 현재와 미래'를 먼저 떠올리며, 마음의 평안을 추구하는 것이 더 소중한 선택이다. 그렇다면 이제 용서를 통해 더 건강한 선택을 할 수 있도록 조금 더 깊이 생각해보자.

용서에 대한 오해 풀기 2 : 용서의 유사품 분별하기

용서라고 생각했지만 용서가 아닌 개념들이 있다. 가장 많이 오해받는 개념은 '화해'이다. 용서는 화해가 아니다. 상대방과의 관계를 다시 회복하는 과정이 반드시 포함되어야 하는 화해는 용서 후에 추구하거나 혹 영원히 이루어지지 않을 수도 있다. 이혼한 부부의 경우, 배우자를 미워하지 않고 평화롭게 자신의 삶을 살아가는 것은 용서이지만, 배우자와 예전처럼 다시 잘 지내는 화해는 다른 차원이다.

또한 용서는 정상참작을 하거나 그럴듯한 이유로 이미 일어난 일을 없던 일로 하는 '면제'가 아니다. 그리고 용서는 피해나 상처를 정당화하거나 최소화하거나 용인함으로써 용서의 욕구를 완전히 제거하는 '묵과'와도 다르다. 참된 용서의 정의를 잘 기억하고 용서의 유사 개념들을 잘 분별하자.

용서는 '처벌 면제'이지 '책임 면제'가 아니라는 점도 꼭 기억하자. 내가 미워하지 않고 직접 처벌하지 않기로 했다고 해서 상대방이 한 잘못에 대한 책임이 면제되는 것은 아니다. 용서는 당신이 어떤 사람인지 규명하는 것이지 다른 사람의 잘못된 행동을 옳은 것으로 만드는 것이 아니다. 그 책임은 여전히 그 사람에게 돌아간다. 내가 원하는 시간과 장소와 방법이 아니더라도 그는 잘못한 행동에 대한 책임에 직면해야 할 시간을 언젠가는 스스로 갖게 될 것이다.

용서에 대한 오해 풀기 3 : 용서는 새롭고 다르게 시작하는 것

용서에 대한 세 번째 오해는 우리가 늘 들어온 "용서하고 잊어버려!"라는 잘못된 상식에서 기인한다. 이미 일어나서 절대로 잊을 수 없는 일을 잊어야 한다는 오해가 '잊을 수 없기에 용서할 수 없다'는 방어를 불러일으킨다. 하지만 당신에게 상처 준 사람에 대한 분노에서 자신을 놓아주는 용서를 했다고 해도 그 기억이 없어지지는 않는다. 이것은 되돌릴 수 없는 상실이기 때문이다.

하지만 용서하지 않을 경우 우리는 분노와 상실이라는 이중의 짐을 지게 된다. 내가 밤새 잠 못 이루고 아파하고 슬퍼하고 분노에 치를 떨어도 상대방에게는 전혀 전달되지 않는다. 용서는 이전으로 되돌아가는 것이 아니라 회복을 위해 새로운 곳에서 새롭게 시작하는 것이다. 용서는 현재의 행복과 미래의 희망을 위해 과거에 받은 상처와 아픔을 새로운 틀로 재해석하는 작업이다.

언젠가 고부갈등으로 인해 사지가 마비되는 상처를 경험할 정도로 용서하지 못해 고통받는 내담자를 만난 적이 있다. 시어머니가 얼마나 자신을 아프고 괴롭게 했는지, 그리고 그 분노로 자신의 삶이 얼마나 힘든지 호소하는 내담자에게 이렇게 말했다. "○○씨가 시어머니에 대한 분노를 표현하는 이야기를 들으며 많이 공감되기도 하지만 한편으로 아이러니한 생각도 들어요. 마치 24시간 내내 사랑하는 연인을 생각하듯, 하루종일 시어머니를 미워하는 데 온 삶을 투자하는 모습이 인상적으로 다가오네요." 그러자 그녀는 얼음이 된 듯 놀라는 모습이었다. 그 후의 지속적인 상담을 통해 시어머니에 대한 미움을 내려놓고 자신을 사랑하는 마음으로 새로운 삶을 살아가는 용서의 시도를 통해 성공적인 상담을 진행했던 좋은 경험이었다. 용서는 과거와 현재의 아픔을 잊어버리는 것이 아니라 새로운 곳에서 새롭게 열매 맺는 일이다.

용서 베풀기 훈련 1 : 이면에 숨겨진 진실 찾아보기

우리가 주목해야 할 점은 용서가 과거의 기억을 없었던 일로 한다거나, 그 사람의 잘못을 지워주는 것이 아니라는 것이다. 진정한 용서는 과거의 상처에 얽매여 힘든 내 감정의 족쇄에서 나를 해방시키는 것이다. 즉 상대를 위한 것이 아니라, 철저하게 내 안의 비통함과 상처의 응어리로부터 스스로 자유로워지는 것이다.

이런 시도 중 가장 힘들지만 꼭 거쳐야 하는 과정이 있다. 바로 내 안에 있는 깊은 상처를 직면하는 일이다. 그리고 더 나아가 보이는 부분만 보는 것이 아니라 보이지 않는 면을 보려는 시도를 하는 것이다. 도대체 나에게 상처를 준 사람은 어떤 삶을 살아왔길래 나에게 그런 행동을 할 수 밖에 없었는지 생각해보면 놀랍게도 전에 보이지 않던 것들이 보이기 시작한다.

예를 들어 나에게 상처를 준 사람도 사실 어릴 때부터 상처가 많았던 사람이라는 점을 알게 되고, 나를 무시하고 으스대던 그 모습 이면에는 남들로부터 외모나 학력, 가난 때문에 무시당하고 상처받은 영혼이라는 점이 보인다. 그동안 내가 보지 못했던 상대방의 숨겨진 진실을 알게 되면 그도 나와 같은 약한 인간이라는 동정심에 나도 모르게 마음이 좀 누그러지고 편안해진다.

이런 공감의 마음이 용서(容恕)라는 한자에 잘 드러나 있다. 이 단어는 '얼굴 용' 자와 '용서할 서' 자로 이루어졌다. 특히 '용서할 서(恕)' 자는 '같을 여(如)'와 '마음 심(心)'이 합쳐진 글자다. '같은 마음을 나타내는 얼굴이나 태도'라는 뜻으로 풀이할 수 있다. 상대방도 나와 같이 상처가 있는 사람이라는 공감(같은 마음)이 용서를 가능하게 한다는 뜻이 내포된 것 같아 저절로 고개가 끄덕여진다.

용서 베풀기 훈련 2 : 겸손하기

같은 마음을 나타내는 얼굴이나 태도가 제대로 전달되기 위해서는 '겸손'이 병행되어야 한다. 겸손은 다른 사람을 자신과 동등한 존재로 여기는 동시에, 자신에게 잘못을 저지른 사람도 자신과 전혀 다른 사람이 아님을 기억하는 것이다. 상황에 따라 자신도 타인에게 상처 주는 사람일 수 있음을 기억하고, 내가 입은 상처에 나 자신의 책임도 있다는 것을 수용하는 태도가 중요하다. 자신에게도 결점이 있고 다른 사람에게 상처 주기도 한다는 것을 인정하고, 모든 사람에게 성장과 변화의 가능성이 있음을 기억하는 겸손한 태도가 중요하다.

겸손이 용서를 가능하게 한다는 것을 경험한 적이 있다. 나에게도 매번 마음의 짐이 되는 한 사람이 가까이 있다. 그를 향한 분노 때문에 내 몸이 타는 줄 알면서도 그 마음을 내려놓지 못해 힘든 시간들이 이어졌다. 그러던 어느 날 멀리서 그 사람이 다른 사람들과 함께 즐겁게 웃으며 지나가는 모습을 보았다. 그 순간 그 사람에게도 '사랑하는 친구와 가족이 있다'는 평범한 진리가 크게 다가왔다. 나는 그의 친구들이나 가족들이 알고 있는 그 사람의 강점과 좋은 점을 못 보았거나 미처 경험하지 못한 것이 아닌가 하는 새로운 생각이 들었다. 더 나아가 이 세상에 좋은 사람과 나쁜 사람이 따로 있는 것이 아니라는 생각도 들었다.

좋은 사람은 나와 좋은 경험을 한 사람이고 나쁜 사람은 나와 나쁜 경험을 한 사람일 뿐이다. 나도 누군가를 험담하거나 미워하는 마음을 갖고 있으니 누군가가 나를 싫어하고 미워할 수 있다는 생각이 들었다. 중요한 것은 만나는 사람들과 좋은 경험을 늘려가고 그들에게 좋은 사람이 되어주는 것이 더 소중하다는 나만의 관계 철학을 갖게 되었다는 점이다.

겸손을 통해 자신의 한계를 받아들이고 실수에 책임지며 자신의 잘못된 행동을 인정할 수 있다. 또한 다른 사람의 지적을 기꺼이 받아들이고, 다른 사람의 장점을 알게 되며, 그의 성공을 기뻐할 수 있는 아량을 베풀 수 있다. 겸손한 사람은 자기가 용서받아야 할 사람임을 알기에 남을 용서할 수 있다.

용서 베풀기 훈련 3 : 적극적으로 선택하기

용서의 정의를 깊이 탐색하면서 용서는 저절로 될 때까지 기다리는 수동태가 아니라 적극적으로 선택하고 실천해야 하는 능동태임을 알게 되었다. 상대방이 찾아와서 사과를 함으로써 용서되는 경우는 많지 않다. 용서는 저절로 되는 것도, 다른 누군가가 그렇게 하라고 해서 되는 것도 아니다. 누구도 우리에게 용서하라고 억지를 부릴 수도 없고, 용서 안 한다고 해서 죄책감을 느낄 필요도 없다. 용서는 오직 스스로가 원할 때만 할 수 있다.

여기서 중요한 것은 용서를 선택 가능한 목록에 올리는 것이다. 용서가 선택 사항이라는 것을 알지 못하면 결코 용서를 선택할 수 없다. 많은 사람들이 "용서하지 않겠다고 의식적으로 선택한 적은 없어. 그냥 용서가 안 될 뿐이지"라고 하지만, 진실은 "용서하겠다고 명확히 선택하지 않음으로써 용서하지 않겠다"고 선택했다는 사실이다. 어쩌면 우리는 용서를 하지 않음으로써 치르는 대가가 용서함으로써 잃는 것보다 더 크다는 것을 깨달았을 때만 용서하고 싶어질 것이다.

하지만 원하는 패만을 받을 수 없는 카드 게임처럼, 용서는 우리 인생에서 좋지 않은 패로 좋은 경기를 하는 방법을 찾는 것과 비슷하다. 그러나 그 패를 가지고 어떤 게임을 할지는 자신이 선택할 수 있다. 용서 전문가 프레드 러스킨 박사에 의하면, 용서는 평온한 감정을 추구하는 것이기에 자신의 상처를 덜 개인적인 것으로 받아들이며, 자신의 감정에 책임을 지고 그 사건에서 피해자가 아닌 승리자가 되었을 때 생겨난다. 용서를 베풀기 위해 우리가 실천할 수 있는 좋은 선택의 예는 다음과 같다.(프레드 러스킨, 《용서》, 중앙M&B, 2003)

첫째, 고의적으로 당신에게 상처를 주는 사람은 없다는 것을 기억하라. 우리가 그토록 미워하는 사람도 약하고 자신도 모르는 사이에 실수하는 것이지 일부러 우리를 괴롭히려고 행동하지 않는다.

둘째, 화가 나면 심호흡을 하고 사랑하는 사람을 생각하라. 부정적인 생각에서 벗어나 긍정적인 상태에서 상황을 새롭게 해석하는 것이 필요하다.

셋째, 모든 것은 나에게 달려 있다. 이것이 가장 중요한 포인트다. 상황은 중요하지 않다. 그에 대한 나의 해석이 중요한 것이다. 해석에 따라 현실이 달라지기 때문이다. 용서함으로써 삶의 주도권을 되찾고 평온한 삶을 살아가기로 선택하자.

용서 베풀기 훈련 4 : 용서 선물하기

지금도 기억나는 어린 시절의 추억이 하나 있다. 무슨 잘못을 했는지는 기억이 나지 않지만 너무 큰 잘못을 했다는 생각에 추운 겨울에 집에 들어가지 못하고 놀이터에서 시간을 보내고 있었다. 해가 지고 아이들은 다 집으로 돌아가고 혼자 놀이터에 남아 있었다. 아무리 방법을 생각해도 피할 길이 없었다. 그래서 정말 굳은 결심을 하고 집으로 다시 들어갔다. 죽으면 죽으리라는 야심

찬 각오를 하고 들어간 집은 무척 따뜻했고 맛있는 된장찌개 냄새가 코를 찔렀다. 하지만 떨리는 마음은 주체할 수 없었는데 엄마는 마치 아무 일도 없었던 것처럼 어떤 말도 하지 않으셨고, 나도 최대한 아무 일 없다는 듯 구렁이 담 넘어가듯이 상황을 모면했다. 지금 돌아보니 그 경험은 내가 용서를 선물로 받은 순간이었다.

용서의 내리사랑을 위해 나도 가끔 아이들이 많이 잘못했을 때 내가 선물로 받은 용서를 아이들에게 슬쩍 돌려주곤 했다. 그날의 따뜻한 온기와 꿀맛 같았던 용서를 내 아이들도 경험했으면 하는 마음 때문이다. 내가 발견한 용서 선물하기의 다양한 방법들은 다음과 같다. 함께 공유하고 실천해보자.

- 누군가를 용서하기 전과 용서한 후의 내 감정을 평가해본다.
- 정당한 분노라 할지라도 서로의 관계를 해치지 않는 표현 방법을 모색해본다.
- 현재의 용서는 너무 어려우니 과거에 내게 잘못을 저지른 사람을 용서하거나 친절하게 대해본다.
- 앞으로 누군가 나에게 잘못을 할 경우 어떻게 반응할지를 미리 계획해본다.

용서에 대한 오해에서 이해로 변화된 우리 마음에 사랑과 평화의 따뜻한 온기가 풍성해지길 간절히 기원한다.

사랑의 프리즘

내가 받은 사랑의 프리즘과 내가 베풀어야 할 사랑의 프리즘을 찾아서 적어보세요. 깊은 친밀감을 경험하게 해주는 좋은 연습이 됩니다.

내가 받은 사랑의 프리즘	
대상	예) 선생님
사랑의 빛	예) 학창시절 방황하던 나를 담임선생님이 방과 후에 자상하게 챙겨주시고 지도해주신 덕분에 나쁜 길로 빠지지 않고 입시에 성공할 수 있었다.

내가 베풀어야 할 사랑의 프리즘	
대상	예) 중, 고등학생
사랑의 빛	예) 교육봉사로 학생들을 멘토링하는 일을 할 때 선생님을 떠올리며 사랑의 빛을 나눠주려고 노력하고 있다.

4장

'함께하는 우리' 되기

Plus Life

행복한 '나열희' 되기 훈련

행복한 '우리' 되기

내가 가장 좋아하는 단어는 '사람'이다. 나의 비전은 나와 내가 만나는 이들이 '긍정적인 나, 존중하는 너, 함께하는 우리'로 꾸준히 함께 성장해나가는 것이다. 그리고 자신의 행복과 이익을 넘어 세상의 유익과 번영을 위한 일에 즐겁게 협력해나가는 것이다. 그래서 나보다 먼저 그런 일들을 해나가는 사람들의 이야기를 듣거나 알게 되면 가슴이 뛴다. 몇 년 전 '세상을 바꾸는 시간 15분'에서 만난 청년 임정택 씨의 이야기가 그중 하나다.

그는 홍콩에서 열린 아시아 창업 경진대회에서 베이징대학교 학생들을 만나면서 새로운 인생을 시작하게 되었다. 한국의 빌 게이츠가 되겠다는 꿈을 가지고 참석한 그곳에서 그의 머릿속은 창업 아이템을 발표할 생각으로 꽉 차 있었다. 그런데 베이징대학교 학생들은 '나는 중국에서 가장 가난한 지역에 들어가 그 지역 사람들과 살며 그곳을 살 만한 지역으로 만들 회사를 세울 것이다'라는 자신의 꿈을 이야기하는 모습에 충격을 받았다. 그리고 돌아오는 비행기에서 자신의 인생 경로를 수정하고 한국에서 '가장 소외된 한 사람을 살리는 삶, 그들과 함께 사는 일'을 하겠다는 새로운 꿈을 꾸게 되었다.

그리고 정말 어렵게 한 장애인을 만나게 되었고 6개월 동안 그와 가까이 지내며 진짜 그들에게 필요한 도움이 무엇인지 알게 되었다. 그가 만난 35명의 장애인 중 1명만이 직업을 가지고 있었다. 그들에게는 자립의 기회와 후원자들이 정말 필요하다는 사실을 알게 되었다. 그가 만났던 가장 힘든 사람들은 장애와 사회적 편견을 동시에 경험하는 정신장애인들이었기에 그들의 자립을 돕고 세상에서도 인정하는 전문 바리스타로 성장하도록 하는 협력의 길을 찾기로 결심했다.

그는 이 비전을 실현하기 위해 '포스코'에서 재정 지원을 받는 일, 최고의 바리스타에게 교육받는 일, 학교 안에 카페를 만드는 일 등 여러 불가능한 일에 도전하게 되었다. 이 불가능한 일들을 가능하게 했던 그의 긍정성과 끈기, 함께하는 이들의 행복을 위해 자신의 삶을 내어주는 존중과 나눔, '향기내는사람들'이라는 회사를 만들고 그들과 함께 한 단계 한 단계 성장해나가는 일들을 초심을 잃지 않고 이루어가는 모습 등이 무척 감동적이었다.

그의 삶의 궤적을 다시 돌아보며 얼마 전 새롭게 알게 된 '공동체'라는 단어의 의미를 되새겨보게 되었다. 공동체를 뜻하는 영어 단어 '커뮤니티(Community)'는 '서로'와 '함께'를 의미하는 'com'과 '선물'을 의미하는 'munus'가 결합된 말이라고 한다. 그렇다면 공동체라는 말은 서로가 서로에게 귀한 선물이 되는 집단이라는 의미일 것이다. 나와 임정택 대표는 동일한 꿈을 꾸고 있는 것 같다. 우리 사회가 '서로에게 선물이 되는 공동체'가 되는 비전을 갖고 있는 것이다. 그리고 모든 공동체는 그들이 속한 더 큰 공동체를 향해서도 분명 귀한 선물이 되므로 함께 행복해지는 것이 목표다.

나열희 : 나의 열정을 누군가의 희망으로

'나열희'는 나에게 잊지 못할 축복을 선물한 단어다. 2012년 나는 11년간의 시간강사의 삶을 청산하고 대학의 전임교원으로 임용되었다. 그리고 나의 행복을 공동체의 기쁨으로 전환할 수 있는 소중한 기회를 만나게 되었다.

그 일은 아주 우연한 기회로 시작되었다. 어느 날 한 교수님에게 전화를 받았다. 한 학생을 상담하게 되었는데 자살 위기를 경험하고 있어서 자신이 돌보기에는 너무 버거운 학생이라며 도움을 요청하셨다. 나에게도 두렵고 떨리는 일이었지만 조금이라도 도움이 될까 하여 그 학생을 만나게 되었다. 다양한 문제를 복합적으로 가진 그 학생과 지속적인 상담을 진행하면서 잊지 못할 이야기를 듣게 되었다.

"교수님, 저는 교수님들의 도움보다 같이 밥을 먹어주고 농구하자고 전화라도 한 통 해주는 친구의 도움이 진짜 필요해요."

그의 절절한 고백이 내 마음에 꽂혀, 그날 이후로 그를 도울 수 있는 방법을 찾고자 골몰하게 되었다. 그러던 어느 날 긍정심리학 수업에서 나의 고민을 학생들에게 공유하게 되었고, 혹 이런 친구를 돕는 일에 관심 있는 학생들이 있으면 연락을 달라고 했다. 그리고 수업과 과제를 통해 자신의 어려움을 잘 극복하고 누군가를 위해 봉사할 마음이 생겼다고 고백한 긍정적인 학생들은 개인적으로 초청해 나의 고민을 나누었다.

그 결과 10여 명의 학생들이 모였고, 우리는 교내에서 힘든 친구들을 돕고 그들의 성장을 지원하는 동아리를 만들기로 하였다. 그리고 여러 고민 끝에 모임의 이름을 '나의 열정을 누군가의 희망으로'라는 의미의 '나열희'로 지었다. 그날부터 나열희 친구들과 함께 학교 안에서 힘든 친구들의 친구가 되어줄 수 있는 활동들을 해보기 시작했다. 그중 가장 핵심적인 활동이 학사 경고를 받은 친구들을 돕는 '스텝업 멘토'가 되는 일이었다.

나열희 팀은 방학 동안은 스텝업 캠프를 통해 학사 경고를 받은 학생들의 기를 살리는 프로그램에 함께 참여하여 그들과 돈독한 우정을 쌓았다. 학기 중에는 그들이 학교생활에 적응하고 학업을 충실히 할 수 있도록 조력하는 좋은 친구가 되어주었다. 나열희 친구들의 진정한 열정은 학사 경고를 받은 친구들에게 희망이 된 구체적인 결과들로 열매 맺기 시작했다.

그중에서 가장 감동적인 사례는 0.74라는 학점으로 학사 경고를 받아 학업을 포기하고 가업인 정육점에서 일하기로 결정하고 군대에 입대한 L군이었다. L군의 사정을 잘 아는 절친한 친구가 제대를 앞둔 그를 대신하여 스텝업 캠프를 신청해주었다. 어떤 프로그램인지 잘 알지는 못했지만 L군은 친구의 정성에 감동해서 스텝업 캠프에 참여하게 되었다.

그는 2박 3일의 캠프에서 나열희 친구들과 많이 친해지게 되었고 캠프를 통해 학교에 다시 다닐 용기를 얻게 되었다. 그리고 캠프의 한 강의에서 '수업에 결석하지 않고 매일 조금씩이라도 공부할 시간 내기'라는 단순한 목표를 설정했고, 나열희 멘토의 도움을 받아 한 학기 동안 성실하게 실천했다. 그의 이 미약한 시작은 우리 중 아무도 예상하지 못했던 결과로 이어졌다.

이미 지불된 행복이 만들어준 감동

그다음 학기 L군의 성적은 4점대로 뛰어올라 우리 모두를 놀라게 했다. 목표를 세우고 성공을 경험한 그와 그의 멘토는 함께 다양한 도전들을 이루어갔다. 상처 입은 꿈이었던 비보잉에도 다시 도전하게 되었고, 마음에 두었던 이성 친구에게 다가가 꿈에 그리던 연애도 시작하게 되었다.

학과 대표에 지원하여 성공을 맛본 그는 다음 학기에 학회장으로, 그다음 학기에는 학회연합회 회장으로 꾸준히 리더십을 쌓아갔다. 또한 나열희 멘티에서 멘토로, 더 나아가 나열희 회장으로 멈추지 않는 긍정적 변화를 이루어갔다. 교내 활동뿐 아니라 교외에서도 두각을 나타내며 여러 대학의 학생들이 모인 봉사 동아리에서도 대표가 되어 인정받는 활동을 이어갔다.

마침내 졸업 후에는 전공을 살려 제약회사에 단번에 취업했고, 업계에서 능력을 인정받아 좋은 조건에 타 회사로 스카우트되어 높은 연봉을 받는 사회인으로 성장했다. 더 나아가 일하며 공부할 수 있는 기회를 얻어 대학원에도 진학하게 되었다.

이제는 성공한 사회인으로 살아가고 있는 그를 최근에 긍정심리학 수업 '선배 초청 특강'에 강사로 초빙한 적이 있다. '늘 상대와 함께 성장하는 길을 모색하는 나열희 정신'을 실천하고 있는 그는 자신의 성공담과 성공 비결을 후배들에게 공유했다.

특강을 진행하는 그의 모습을 보며 지나온 추억들이 주마등처럼 스쳐 지나갔다. 힘든 한 학생을 돕기 위한 작은 씨앗이 '나열희'라는 새싹을 싹틔워 대학생의 길을 포기했던 한 학생의 삶을 바꾸고, 또한 그가 다양한 사람들을 살리고 돕는 '나열희' 정신의 열매로 업그레이드되어 살아가는 모습이 너무 고맙고 감동적이었다.

그리고 '나열희'를 거쳐간 여러 친구들이 취업이 어려운 요즘 시대에 자신이 원하는 전문직에 성공적으로 취업하고, 한 명 한 명 결혼 소식을 전해올 때마다 한 단어가 떠올랐다.

'서스펜디드 해피니스(Suspended Happiness)'

'이미 지불된 행복'이라는 뜻이다. 오늘 내가 경험하고 있는 행복, 내가 감사함으로 누리고 있는 축복은 분명 누군가의 도움을 통해 이루어진 것들이라는 사실이다.

진정한 지혜(Wisdom)는 함께 성공하는 위즈덤(We-sdom)

교육 전문가인 조벽 교수는 해외에서 오래 거주하다 돌아온 그에게 가장 충격적이었던 말이 '실력이 없으면 인성이라도 좋아야지', '공부해서 남 주나'라는 표현이라고 했다. 그는 공부나 실력을 오로지 혼자 잘살기 위한 이기적인 행위로 여기는 한국의 현실이 무척 안타까워서《인성이 실력이다》(해냄, 2016)라는 책을 쓰게 되었다고 한다. 그는 이 책에서 오로지 자기 혼자 잘살겠다고 노력하는 것은 불행으로 가는 길인 동시에 주변 사람 모두를 불행하게 만드는 것이기에 모두를 이롭게 하는 지혜(Wisdom)에 'i'를 빼고 'e'를 넣어 진정한 지혜인 위즈덤(We-sdom)을 추구해야 할 필요성을 주장했다.

그가 제시한 인성교육의 목표인 삼율에는 체계와 순서가 있다. '자기조율'을 할 수 있어야만 '관계조율'을 할 수 있고, 가장 마지막에 있는 공익조율은 공(共)익 추구라고 한다. 공동체에 기여하는 삶을 사는 것, 통 큰 계산을 할 수 있는 사람이 되는 것, 공동체의 이익이 나의 이익이 될 수 있다는 선견지명을 가진 사람이 되는 것이다. 조벽 교수의 이런 통찰은 세계적인 비전과 조화를 이루고 있다.

2020년 3월 31일 하버드, 예일, 프린스턴, 컬럼비아 등 아이비리그 8개 대학의 '클래스 오브 2021(Class of 2021)' 합격자 발표가 있었다. 최근 하버드대학교 합격생들의 입학지원서를 자세히 살펴보면 대학 입학사정의 기준이 조금 바뀌었다는 것을 발견할 수 있다. 그것은 '모두를 위한 돌봄(Making Caring Common)' 프로젝트 때문이다.

하버드대학교의 조사에 따르면 졸업과 취업 등 자신의 인생을 잘 개척해나가는 학생들은 대부분 이타적인 것에 가치를 두고 있는 경우가 많은 것으로 나타났다. 이런 조사를 바탕으로 하버드대학교는 초심으로 돌아가 입학사정의 기준을 수정했고, 80여 개의 대학이 이 움직임에 동참했다. 이것이 바로 교육 공동체가 돌봄 공동체가 되어야 한다는 '모두를 위한 돌봄' 프로젝트다. '나 홀로 성공'이 아닌 '동반 성장'을 추구하는 인재상이 앞서가는 교육이 추구하는 방향임을 잘 보여주고 있다.

고(故) 김수환 추기경은 살아생전 자신을 늘 '바보'라고 칭했다. '바보'라는 단어를 사전에서 찾아보니 '지능이 부족하여 정상적으로 판단하지 못하는 사람을 낮잡아 이르는 말'이라고 되어 있다. 하지만 그를 기억하고 기리는 사람들은 그를 '늘 남을 위해 무엇을 해줄 수 있는지를 고민하는 분'으로 회고하고 있다. 세상에는 자신보다 남을 위해 헌신하고 희생하는 사람을 '바보'라고 인식하는 경향이 있었기에 김수환 추기경은 자신을 '바보'라 칭하며 세상과 소통했을 것이다. 하지만 변화되어 가고 있는 세상은 공동체의 성장과 발달을 더 소중히 여겼던 그의 바보 같은 삶이 더 바른 삶이고, 참으로 옳은 삶이었음을 잘 알려주고 있다.

함께 성공하는 위즈덤 훈련 1 : 자아 확장하기

'함께하는 우리' 되기의 핵심은 나에 대한 개념의 변화에서 시작된다. 자아 확장을 통해 나라는 개념 속에 타인을 배려하는 마음이 들어 있어야 하고, 자기조율을 통해 함께 걸어갈 수 있는 자세를 갖추는 것이 중요하다.

김주환 교수는 자신의 책 《회복탄력성》(위즈덤하우스, 2019)에서 자아 확장력이란 '자기 자신이 다른 사람과 연결되어 있다고 느끼는 정도'이며, 자아 확장력이 높은 사람은 자아 개념 속에 타인과의 관계에 대한 전제가 깊이 내재되어 있다고 했다. 즉 자기 자신에 대해 생각할 때 이미 타인과의 관계 속에서 자기 자신을 이해하는 것이다.

자아 확장력이 높은 사람은 자신이 바라보는 관점과 타인이 바라보는 관점에 별다른 차이가 없는 사람이다. 즉 타인에게 벌어지는 일들도 마치 내게 벌어지는 일처럼 인지적으로 받아들이고 처리한다. 이런 사람들은 당연히 타인을 더 배려하게 되는데, 이러한 '배려'는 의식적인 노력이 아니라 자아 확장력이 높아지면서 자연스럽게 표출되는 것이다.

이런 자아 확장의 경험은 생각만으로 이룰 수 없다. 사람들과 어울리는 실제적인 경험이 반드시 병행되어야 한다. 내 방, 내 집, 내 사무실의 문을 열고 나와서 사람들과 섞이고, 그들과 어울려야 한다. 나와 다른 사람들은 어떤 생각과 감정을 경험하는지 느끼고, 그들과 다른 나는 왜 그런지, 우리가 함께하기 위해 나의 어떤 면이 변화되어야 하는지 고민하는 시간이 반드시 필요하다.

수업을 하면서 대학생들에게 건네는 조언 중 하나는 '1학년 때부터 취업 준비를 하느라 도서관에 틀어박혀 있는 학생이 제일 불쌍한 학생이다'라는 것이다. 아무도 만나지 않고 도서관에서 책과 씨름하며 시간을 보내는 학생들은 정말 소중한 기회를 잃고 있는 것이다. 동아리 모임이나 연애도 안 하고, 여행도 가지 않고, 봉사도 안 하며, 아르바이트를 통해 세상을 경험하지 못한 시간들은, 실패를 통해 배우거나 다른 사람이나 인생 경험을 통해 배울 수 있는 진짜 소중한 기회들을 빼앗고 있기 때문이다.

혼자 있는 시간만큼 중요한 것은 타인들과 함께하는 시간이다. 나의 성장은 결코 혼자서 이뤄낼 수 없다. 타인과 함께할 때 가능하다. 공식적인 업무만큼이나 중요한 것이 비공식적인 활동들이다. 친구들과 신나게 놀고, 취미 동아리나 봉사단체에 열정적으로 참여하며, 나랑 다른 사람들과 함께 어울리며 배우고 성장할 수 있는 기회를 나에게 꼭 선물하자.

함께 성공하는 위즈덤 훈련 2 : 공유하기

첫째 아이가 어렸을 때 무척 좋아해서 너덜너덜해질 때까지 읽었던 동화책 중 하나가 마르쿠스 피스터의 《무지개 물고기》(시공주니어, 2010)였다. 함께 서점에 갔다가 파란 바탕에 무지개 물고기의 반짝이는 비늘이 너무 예뻐서 사게 되었다. 집에 돌아와 읽은 책 내용은 표지만큼 멋진 이야기였다.

깊은 바닷속에 다른 물고기들과 달리 반짝반짝 빛나는 은빛 비늘을 가지고 있는 아름다운 '무지개 물고기'가 있었다. 그런데 무지개 물고기는 자신의 예쁜 비늘을 뽐내기만 할 뿐 다른 물고기들과는 어울려 놀지 않았다. 그러던 어느 날 작고 파란 꼬마 물고기가 무지개 물고기에게 다가와 반짝이 비늘을 하나만 달라고 했는데 무지개 물고기는 화를 내며 나눠주지 않았다. 다른 물고기들은 파란 꼬마 물고기가 당한 이야기를 듣고 무지개 물고기와 놀지 않았고, 결국 무지개 물고기는 외톨이가 되고 말았다.

무척 힘들어진 무지개 물고기는 문어 할머니를 찾아가 조언을 얻었다. 할머니는 다른 친구들에게 그가 가진 반짝이 비늘을 하나씩 나눠준다면 바다에서 가장 아름다운 물고기는 되지 못하겠지만 지금보다 훨씬 더 행복한 물고기가 될 거라는 귀한 교훈을 가르쳐주었다. 이 말을 듣고 무지개 물고기는 자신이 소중하게 여기던 무지개 비늘을 하나씩 나눠주기로 큰 결심을 했다.

그 결과 무지개 물고기는 반짝이 비늘을 하나씩 나눠 갖게 된 물고기 친구들과 다 함께 화해를 하고 사이좋은 친구가 되어 진정한 기쁨을 느끼고 모두가 행복해진다는 이야기다. 아들에게 그림책을 읽어주면서 보니 마지막 페이지가 너무 인상적이었다. 실제로 무지개 물고기가 혼자 반짝이 비늘을 가지고 있었을 때보다, 친구들에게 나눠주어 모든 물고기가 반짝이 비늘을 가지게 되었을 때 그림책을 가득 채운 물고기들의 모습이 진짜 더 아름다웠던 것이다.

무지개 물고기 이야기를 통해 '함께하는 우리'가 되기 위해 필요한 '공유하는 자세'에 대해 생각해보게 되었다. 첫째, 다른 사람들을 있는 그대로 수용하고 인정할 수 있는 존중과 그들의 필요도 나의 필요인 듯 공감하는 열린 태도다. 둘째, 민감성을 가지고 상대방의 마음에 주의를 기울이는 태도다. 나에게만 향하는 관심이 아니라 주위에 있는 사람들의 필요를 살피고 내가 가진 것을 공유함으로써 더 나은 결과를 위하여 기꺼이 나누는 마음이다.

마지막으로 나의 공유가 더 빛나기 위해서는 다른 사람 안에 있는 최상의 것을 찾아서 인정해주고 격려해주는 것이다. 내 안에 좋은 것을 인식할 수 있는 눈으로 타인 안에 있는 좋은 것을 발견하고 인정하며 격려해주는 일은 우리 공동체를 아름답게 만드는 일이 될 수 있다.

함께 성공하는 위즈덤 훈련 3 : 협력하기

2007년 12월 7일 오전 7시 6분, 충남 태안군 만리포

해수욕장 앞바다에서 삼성중공업의 해상 크레인과 유조선 허베이 스피리트호가 충돌했다. 이 사고로 유조선 오일탱크에 구멍이 나면서 1만 2,547㎘의 기름이 바다로 쏟아졌다. 에메랄드빛 바다가 순식간에 시커먼 기름띠로 뒤덮였다. 사상 최악의 해양오염 사고로 기록된 순간이었다. 태안 기름 유출 사고 발생 후 1년이 지나 열린 국제포럼에서는 1989년 미국 알래스카에서 일어났던 기름 유출 사고가 10년이 지나도 여전히 회복되고 있지 못한 사실을 지적하며, 세계 각국의 환경 전문가들은 사고로 인해 태안지역에 장기적인 생태·환경 파괴가 일어날 것을 우려했다.

하지만 2016년 1월 세계자연보전연맹(IUCN)은 태안해안국립공원 보호지역 등급을 '카테고리Ⅴ(경관보호지역)'에서 '카테고리Ⅱ(국립공원)'로 상향 인증했다. 국립공원관리공단 유류오염센터가 진행한 '허베이 스피리트호 유류 유출 사고에 따른 생태계 영향 장기 모니터링' 결과를 보면 2008년 태안지역 전체 해안의 69.2퍼센트에 달했던 잔존 유징이 2014년 기준 0퍼센트로 바뀌었다. 경관보호지역에서 국립공원으로 등급이 변경되었다는 것은 생태적 가치가 우수하고 관리·보전 상태도 뛰어나다는 것을 뜻한다.

태안반도의 이런 극적인 회복을 〈연합뉴스〉(2017. 12. 03.)는 "태안 기름 유출 10년…123만 명 손으로 다시 찾은 바다"라고 표현했다. 사고 이후 전국에서 달려온 123만 명의 자원봉사자들이 아니었다면 이런 변화는 불가능했을 것이다. 아이와 어른, 노인과 청년들이 양동이로 기름을 퍼 나르고 바위 사이에 낀 기름을 닦아내던 작은 손들이 모여 거대한 인간 띠를 이루었고, 그렇게 기적의 바다를 일궈냈다. 오늘날의 태안은 자원봉사자들의 노력과 의지를 상징하는 희망의 성지로 거듭났고, 대한민국 국민의 저력을 보여주는 역사적 상징이 됐다.

태안반도의 기적적인 회복 이야기는 '협력의 중요성과 영향'을 잘 설명하고 있다. 꼭 태안반도 사건처럼 큰 사건뿐만 아니라 오늘이 순간 내 앞에서 일어나고 있는 일에도 동일하게 적용된다. 우리는 사회적 존재이며, 지금 이 순간에도 누군가에게 의존함으로써 생존하고 있다. 우리가 인정하든 그렇지 않든 우리는 누군가의 도움으로 살아가고 있는 것이다. 그러므로 우리의 행복은 타인의 행복과 연결되어 있고 타인에 대한 관심에 의해 우리 자신이 자극될 때 가장 보람된 삶을 살 수 있다는 것을 꼭 기억하자.

친절 실천하기 훈련

마음의 여백이 있는 사람

'여백'은 내가 좋아하는 단어들 중 하나다. '여백'이란 단어를 들으면 은은한 묵향이 배어나는 느낌이 든다. 아마도 어린 시절의 경험 때문인 것 같다.

초등학교 5학년 때, 짧은 기간이었지만 동양화 사군자 그리기를 배운 적이 있다. 학원 문을 열고 들어갈 때마다 풍겨나오는 묵향의 은은함이 너무 좋아서 잘하지는 못했지만 열심히 배우러 다녔다. 짧은 시간의 배움으로 세월이 지나면서 무엇을 배웠는지 다 잊어버렸지만, 그 시절 선생님께서 강조하셨던 "동양화는 여백의 미가 있어야 한다"라는 교훈을 되새기며, '여백-아름다움'이라는 개념을 마음에 간직하게 되었다.

동양화에 깃든 여백의 아름다움처럼 우리의 삶과 마음에도 '여백의 미'가 있다면 어떤 모습일까? 상담 현장에서 많은 사람들을 만나다 보니 '마음의 여백'이라는 삶의 은은한 아름다움을 간직한 사람에 대해 생각해보게 되었다.

마음이 건강한 사람과 그렇지 않은 사람의 차이를 크게 깨달은 적이 있다. 마음이 건강한 사람들은 자신에 대한 고민이 적기 때문에 생긴 '마음의 여백'을 다른 사람들에 대한 관심과 사랑으로 채운다. 하지만 마음이 건강하지 않는 사람은 자신에 대한 염려와 고민으로 가득 차 있어 타인에 대한 관심과 배려를 베풀기가 어렵다. '마음이 품은 여백의 미'는 앞 장에서 말한 '자아 확장력'을 가진 마음이라는 생각이 든다. 확장된 마음의 여백에 타인의 삶을 품을 수 있고, 어떤 일을 계획하거나 시작할 때 타인에게 미치는 영향과 유익을 고려하는 사람은 묵향처럼 은은한 향기를 풍길 수 있다.

마음의 구명조끼(LVI)

마음의 여백이 있는 사람들의 삶이 어떤 긍정적인 영향을 미치는지를 잘 보여주는 영상이 있다. '마음의 구명조끼(LVI, Life Vest Inside)'라는 자선단체에서 만든 '친절의 부메랑—어느 날'(Kindness Boomerang-One day, https://youtu.be/nwAYpLVyeFU)이라는 영상이다. 이 영상은 낯선 사람에게 도움을 받고, 또 도움을 받은 사람이 또 다른 사람들을 도우면서 친절이 일으키는 마법을 보여주는 내용을 담고 있다. 2010년 만들어진 이 동영상은 3천만 뷰

이상 시청되며 전 세계 사람들에게 깊은 인상을 남겼다.

'LVI'는 뉴욕에 본부를 둔 비영리 민간단체로 모든 사람들에게 '친절의 중요성'이라는 영감을 불어넣고, 격려하고, 교육한다. 2007년 1월, 창시자인 오를리 와바(Orly Wahba)는 가족과 함께 겨울방학 여행을 가기 위해 비행기에 탑승했다. 그녀는 그곳에서 일곱 살짜리 어린 소녀가 백혈병으로 사망했다는 뉴스를 접하게 되었고, 이런 가슴 아픈 일들이 우리를 얼마나 힘들게 하는지를 생각했다. 바로 그 순간 'Life Vest Inside'라는 표식에 시선이 고정되었다. 구명조끼가 '우리가 얼마나 깊고 넓은 물에 빠졌는가'와는 상관없이 우리 몸을 뜨게 하여 구원해주는 것처럼, 우리 마음에도 구명조끼가 필요하다는 생각이 들어 '마음의 구명조끼'라는 단체를 만들게 되었다.

역경이 없는 인생은 없다. 우리는 나이, 성공, 건강 여부에 상관없이 삶의 어떤 순간에 예상치 못한 아픔과 시련을 맞이하게 된다. 그리고 그렇게 힘든 순간, 우리 모두는 외로움, 재정적 부담, 질병, 트라우마, 상실, 부적응 등을 경험한다. 하지만 어려운 순간, 친절을 통해 누군가 내밀어 주는 도움의 손길을 경험하게 된다면 희망을 가질 수 있고, 아프고 힘든 순간을 잘 넘길 수 있는 힘을 얻게 된다. LVI 재단의 목표는 일상생활에서 공감과 연민을 구현함으로써 개인이 주변 사람들에게 진정으로 긍정적인 변화를 일으킬 수 있다는 인식을 육성하는 데 관심을 두고, 이를 구현하기 위한 캠페인, 교육, 미디어 사업을 진행하는 것이다.

다른 사람에 대한 진정한 존중의 내적인 면이 '사랑'의 마음이라면, 외적인 면은 '친절한 행동'이다. 그리고 사랑이 친절로 전환되어 상대방에게 전달될 때 우리의 존중은 온전해지고 우리의 공동체가 행복할 수 있다.

친절의 역설

'Feel-Good, Do-Good Phenomenon'은 '기분이 좋을 때 선행도 더 잘하는 현상'을 지칭하는 표현이다. 하지만 나는 순서를 바꿔 'Do-Good, Feel-Good Phenomenon', 즉 '선한 일을 하면 행복해지는 현상'이 더 진리라고 생각한다. 이 생각은《마음의 건강 풍요로운 삶》(엘렌 G. 화잇, KPH BOOKS, 2008)이라는 책을 읽으며 더 확신을 갖게 되었다.

> 혼란에 빠진 이들이 당황해하는 이들을 찾아가서 그들에게 희망과 격려의 말을 해주도록 지도하라.……고난당하는 자들에게 해준 위로의 말로 그들 자신이 위로받을 것이다. 다른 사람을 도와줌으로써 그들 자신이 어려움을 벗어나는 데 도움을 얻을 것이다.

이 책을 읽다가 인용한 구절이 참 의아하게 다가왔다. 혼란에 빠진 이가 당황해하는 이를 찾아간다? 어쨌든 둘 다 어려움에 처한 사람들인 것 같은데, 혼자서도 어려운 사람이 더 어려운 사람을 찾아가서 도우라는 역설적 표현이 궁금증을 자아냈다. 혼란에 빠진 이들은 그 자신이 도움이 필요한 것 같은데, 남을 찾아가서 그들에게 희망과 격려의 말을 해줄 수 있을까 하는 의구심이 들었고, 듣는 사람도 "너나 잘하세요"라고 하지 않을까 하는 염려가 되었다.

하지만 아래의 구절들을 연결하여 곰곰이 생각해보니 공감되는 부분이 많았다.

"고난당하는 자들에게 해준 위로의 말로 그들 자신이 위로받을 것이다. 다른 사람을 도와줌으로써 그들 자신이 어려움을 벗어날 수 있을 것이다."

즉 위로의 말을 해준다는 것은 긍정적인 생각을 하게 된다는 것이다. 타인을 위로하기 위한 긍정적인 사고는 우리의 생각을 확장해주고, 그런 확장된 시각을 자신에게 적용하다 보면 우리가 가진 문제들을 다른 관점에서 보고, 문제를 해결할 힘을 얻을 수 있다. 이 책을 읽다가 연결된 감동적인 내용을 또 발견했다.

> 우리 모두는 인간이라는 거대한 피륙에 함께 짜여져 있으므로 우리가 다른 사람의 이익과 향상을 위해 할 수 있는 모든 것은 우리에게 축복이 되어 돌아올 것이다.

이 책을 통해 친절의 영향력이 가져다준 깨달음을 얻었다. 우리의 삶은 서로 촘촘히 연결되어 있어 내가 한 행동이 다차원적인 영향을 준다는 것을 꼭 기억해야 한다. 남의 아픔과 유익을 배려하고 돕고자 손을 내민 친절은 삶에 부메랑이 되어 우리에게 축복을 가져다준다는 선순환의 원리가 깊이 다가왔다.

친절의 순도 구별하기

친절에도 순도가 있다는 사실을 아는가? 긍정심리학에서는 친절을 동기적 측면과 행동적 측면으로 나눠 설명하고 있다. 다양한 동기로 이타적 행동을 할 수 있기 때문이다. 다음의 예들은 이타적인 행동들에 관한 다양한 동기를 설명한다.(권석만, 《인간의 긍정적 성품》, 학지사, 2011)

- 계산적 이타적 행동 : 자신의 이익과 명성을 증대하기 위한 이타적 행동
- 상황적 이타적 행동 : 사회적 동조나 압력에 의한 이타적 행동
- 의무적 이타적 행동 : 종교 계율이나 조직의 도덕적 규범에 순응하는 이타적 행동
- 상호 호혜적 이타적 행동 : 자신과 타인의 이익을 동시에 고려한 이타적 행동

위의 이타적 행동들은 외면적으로는 동일한 친절로 보이지만 순도의 차이가 있다. 진정한 친절은 나의 입장이 관여되지 않고, 온전히 상대의 유익만을 고려한 이타적 동기에서 나오는 이타적인 행

동이다. 이런 순도 높은 이타성은 단지 인간 세상에서만 나타나는 것이 아니라 동물의 세계에서도 관찰되고 있다. 〈KISTI 과학향기〉(2020.02.24.) 기사에서는 대가를 바라지 않고 나를 희생하는 이타적인 행동은 주로 무리 생활을 하는 동물들에게서 나타난다고 주장한다. 특히 규모가 큰 집단에서 더 순수한 이타성이 관찰된다는 사실에 주목했다. 대표적인 개체가 '앵무새'다.

독일 막스플랑크 조류연구소의 인지과학자들은 앵무새 중에서도 지능이 높은 회색앵무새와 푸른머리마코앵무새를 대상으로 동료를 돕는 여부를 실험했다. 먼저 새장 속 앵무새들에게 '동전 하나를 건네면 견과류 하나를 받을 수 있다'는 규칙을 가르쳤다. 앵무새들은 이 규칙을 쉽게 익혔다. 다음 단계로 연구자들은 앵무새에게 좀 더 어려운 규칙을 가르쳤다. 앵무새 한 마리에게만 동전을 주고, 이 동전으로 견과류를 받을 수 없게 한 것이다.

다만 그 앵무새가 다른 앵무새에게 동전을 건네주면, 동전을 공짜로 받은 앵무새는 그 동전으로 견과류를 받을 수 있었다. 연구자에게 동전을 받지 못한 앵무새는 동전을 받은 앵무새에게 동전을 달라는 듯 우는 행동을 했다. 두 종류의 앵무새로 연구를 진행한 결과, 푸른머리마코앵무새는 아무런 행동을 취하지 않았지만, 회색앵무새는 비록 자신이 견과를 먹지 못해도 동료에게 동전을 넘겨주어 견과를 먹을 수 있도록 도와주었다. 더 감동적인 것은 이들은 피가 섞인 혈연관계가 아니더라도 동전을 주었다는 사실이다.

좀 더 큰 무리를 이루고 사는 회색앵무새들이 더 작은 무리를 이루고 사는 푸른머리마코앵무새보다 이타적이라는 사실은 우리에게 중요한 시사점을 던져준다. 이타성은 보고 경험하는 직접적인 체험을 통해서만 얻을 수 있는 배움이라는 것이다. 따라서 우리에게는 소속될 수 있는 공동체가 필요하고, 함께 어울려 서로에게 친절을 베푸는 문화가 서로를 더 행복하게 한다는 것을 공동체를 통해 배우는 것이 중요하다.

'호구가 성공한다'는 이상한 연구

'호구'는 '어수룩하여 이용하기 좋은 사람'을 말한다. 자신의 유익은 챙기지 못하고 남의 유익을 위해 이용되는 사람을 가리킬때 주로 사용된다.

31세에 세계 최고의 경영대학원 와튼스쿨 최연소 종신교수로 임명되고, 〈뉴욕타임스〉 선정 '세계에서 가장 생산성 있는 심리학자'이며, 구글, 시티그룹, 유엔, 세계경제포럼, 미국 공군 등 내로라하는 곳에서 자문 교수를 맡고 있는 유능한 학자 애덤 그랜트는 "타인을 위해 베풀고, 양보하고, 헌신하는 행위가 어떻게 성공으로 이어지는지를 객관적으로 증명한 연구"를 실시했다. 그는 《기브 앤 테이크》(생각연구소, 2013)에서 한국에서는 호구로 보일 수 있는 '기버(Giver)'의 성공에 대해 소개하고 있다.

커다란 성공을 이룬 사람에게는 '능력, 성취 동기, 기회'라는 세 가지 공통점이 있는데, 애덤 그랜트 교수는 사람들이 흔히 간과하는 네 번째 요소인 '타인과의 상호작용'이 중요하다고 강조했다. 타인과 상호작용할 때 사람들은 다음과 같은 세 가지 태도 중 하나를 선택하는 경향이 있다.

- 테이커(Taker) : 주는 것보다 많이 받길 바라는 사람
- 매처(Matcher) : 받은 만큼 되돌려주는 사람
- 기버(Giver) : 받는 것보다 더 많이 주길 바라는 사람

오랜 세월 동안 우리는 테이커가 되어야 성공하는 줄 알았다. 그리고 최소한 매처 정도는 되어야 제대로 사는 것이라고 배웠고 가르쳤다. 그리고 기버가 되는 것은 어리석은 선택이라고 여겨 그렇게 하지 못하도록 강요했을지도 모른다. 하지만 애덤 그랜트는 호주의 투자 전문가 '피터 오데'의 실화를 통해 기버의 성공 과정을 잘 보여준다.

피터 오데는 대형 보험회사 서비스센터 고객의 전화를 받는 일부터 시작했다. 그는 취업 후 1년 만에 고객을 가장 열성적으로 도와준 점을 인정받아 회사 내 최연소 부서장으로 승진했고, 2011년에는 투자자문가로 변신하여 고객들을 도왔다. 그러던 어느 날 그의 회사에 7만 달러의 연금을 투자하려는 고철상 노동자의 투자 의뢰가 들어왔는데, 액수가 너무 적은 나머지 어떤 직원도 선뜻 나서지 않았다. 하지만 낮은 자리에서 차례차례 승진해온 피터는 사람을 차별하면 안 된다는 확신을 가지고 있었다. 대규모 투자 상담

만 전문으로 해오던 그는 자원하여 이 고객을 맡아 늘 했던 것처럼 직접 고객의 집으로 찾아갔다.

하지만 상담을 진행하며 알게 된 사실은 그 고객은 단순한 고철상 노동자가 아니라 수익성 좋은 금속업체 소유주였다. 피터는 그 고객과 확고한 관계를 맺게 된 결과 다음 해에는 고객이 지불한 수수료가 100배로 늘었다. 그가 직업 경력 내내 테이커와 매처가 놓친 기회를 얻을 수 있었던 것은 바로 그의 친절하고 따뜻한 마음 덕분이었다. 피터 오데와 같은 기버가 성공하는 이유는 무엇일까?

첫째, 기버들은 주변 사람들의 성공을 유도하는 파급 효과를 낸다. 그들은 혼자만 유익을 누리는 것이 아니라 함께 유익을 누리는 창의적인 방법을 찾는다.

둘째, 테이커가 승리를 거둘 때는 반대편에 패자가 있기 마련이다. 하지만 기버가 성공하면 사람들은 응원하고 지지한다.

셋째, 베풂은 단기적으로는 위험을 동반하지만 장기적으로는 강력한 힘을 발휘한다. 도움을 주고받는 관계의 네트워크는 시간이 지나면 기하급수적으로 늘어나고 긍정적인 상호작용을 유도한다.

넷째, 통신과 소셜 네트워크의 발달로 인해 현대사회에서는 이타적인 행동양식이 효과를 나타내는 데 걸리는 시간이 점점 짧아지고 있다. 요즘은 SNS를 통해 기버들의 성공이 전 세계적으로 퍼져나간다.

기버와 같은 친절을 삶의 모토로 삼아야 할 충분한 이유를 발견했으니 구체적인 실천 방법을 연습해보자.

친절 실천하기 훈련 1 : 친절의 선한 영향력 인식하기

〈리틀빅 히어로〉라는 짧은 다큐멘터리에서 한 청년의 감화력에 깊은 감동을 받은 적이 있다. 이 청년은 소위 말하는 길치다. 적성검사에서 공간지각력을 측정하는 문제는 거의 맞혀본 적이 없다. 스마트폰이 있기 전에는 지하철만 타고 다녔고, 버스 노선도를 볼 엄두도 내지 못했다. 그러다 버스 노선도에 방향을 표시하는 화살표가 있다면 자기와 같은 길치들이 방향을 찾기가 쉬울 것 같다는 생각을 했다. 그리고 아무도 시키지 않았는데 800원짜리 화살표 스티커를 사서 버스 정류장 노선도마다 붙이기 시작했다.

다른 친구들은 취업 준비를 위해 아르바이트와 영어 공부를 하고, 심지어 봉사 점수를 얻기 위해 노력하고 있을 때, 이 청년은 혼자서 2011년 가을부터 시작해서 하루에 5시간, 많게는 15시간을 자전거를 타고 다니며 서울시 전역의 버스 정류장 노선도에 화살표를 붙였다. 이 청년은 바로 '화살표 청년'으로 유명해진 이민호씨다. 다른 사람들의 필요를 채워주려는 순수한 마음으로 시작한 작은 봉사가 어떤 결과를 가져왔을까?

2012년 그는 화살표를 붙인 공로로 서울시장 표창을 받았고, 이제는 혼자가 아니라 '화살표를 붙이는 사람들'이라는 봉사단체가 생겨서 전국적으로 교통 개선 사업을 벌이고 있다. 그리고 그는 현대기아자동차 사회공헌팀에 특채로 들어가는 특별한 선물을 받았다. 그는 이렇게 고백한다.

> 저 같은 청년들은 요즘 개인적인 경향이 있고 스펙만을 위주로 생각하며 살아가요. 하지만 남을 돌아볼 수 있으면 좋겠어요. 나를 희생하고 주는 것에 집중하는 것이 아니라 그 일로 인해 내가 정신적으로 얻을 수 있는 것을 깨달을 수 있다면 진정한 나눔의 가치를 느낄 수 있지 않을까요.
>
> — tvN 〈리틀빅 히어로〉 4회 '이민호 편'

우리가 의식하지 않고 베푸는 친절이 있다. 하루를 마감하며 내가 다른 사람에게 베푼 선한 영향력이 어떠했는지 조명해보는 시간을 가지는 것은 참으로 행복한 일이다. 그리고 타인에게 베푼 선한 영향력이 나에게도 유익이 된다는 사실을 인식하는 것은 참으로 중요하다.

친절 실천하기 훈련 2 : 친절 계획하기

궁정심리학 수업에서 학생들에게 '친절 실천'의 중요성을 알려주고 실습을 진행하다 보면, 학생들은 이 훈련이 너무 어렵다는 호소를 한다. 과제로 친절한 행동을 하려 하니 쑥스럽고 자연스럽지 않아 부담이 된다는 학생들이 많다. 그럴 때마다 나는 학생들에게 선한 일을 하면 행복해지는 현상(Do-Good, Feel-Good Phenomenon)을 기억하도록 안내하고 특별한 활동을 함께하며 학생들을 격려한다. 그것은 바로 실천할 친절을 미리 계획해보는 것이다. 이 활동을 시작하게 된 특별한 계기가 있었다.

몇 년 전 고 장영희 교수가 쓴 수필집 《살아온 기적 살아갈 기적》(샘터, 2009)을 읽다가 인상적인 글을 발견했다. 그 책에서는 실제 경험을 토대로 영화로 만들어진 《Pay It Forward(미리 갚아요)》라는 소설을 언급하고 있었다.

캐서린 하이드가 몰고 가던 트럭에 갑자기 불이 붙자 어디선가 건장한 남자 2명이 도와주기 위해 뛰어온다. 하지만 당황한 하이드는 본능적으로 그들이 자신을 해치려는 줄 알고 오지 말라고 소리친다. 하지만 두 남자는 위험을 무릅쓰고 불을 꺼주었고 그녀가 상황을 파악했을 때는 이미 그들이 가버린 후였다. 결국 그녀는 감사하다는 말조차 제대로 하지 못했고 그 일을 생각할 때마다 죄의식을 느낄 정도로 미안하기 이를 데 없었다. 생각 끝에 그녀는 이제부터 은혜를 미리 갚기로 했다. 이미 입은 친절에 대해 빚을 갚을 수 없다면 앞으로 살아가며 입을 은혜에 대한 감사와 보답을 미리 하기로 한 것이다.

수업에 참여했던 한 경영학과 학생이 미리 계획한 친절의 나비효과는 정말 감동적인 기억으로 남아 있다. 그는 방학 때 학과에서 기획한 해외봉사에 참여하여 몽골에 가기로 했다. 그런데 정작 같은 과에 있는 한 몽골인 친구는 비행기값이 없어 방학 때 그리운 고국에 돌아가지 못한다는 안타까운 이야기를 듣게 되었다. 그래서 수업 시간에 친절 프로젝트를 기획하라는 과제를 활용하여 서울 인근의 관악산 정상 부근에서 막걸리를 팔아 그 친구를 돕고자 했다. 잘될 수 있을까 의구심도 들었지만 몽골 친구를 생각하며 학과 선배랑 함께 힘들게 지고 올라가 술을 팔기 시작했다.

그런데 생각보다 술이 잘 팔려서 몽골 친구와 함께 몽골에서 함께 봉사를 하며 좋은 추억을 쌓았다. 이 친구는 자신의 경험이 너무 행복하고 좋아서 블로그에 올리게 되었는데, 그 내용에 감동한 어떤 기업체로부터 자기 회사에서 진행하는 프로젝트에 동참해달라는 제안을 받았다는 친절 프로젝트 결과를 발표해서 많은 박수를 받았다.

매 학기 친절의 부메랑을 직접 경험한 학생들의 수많은 사례들을 듣게 된다. 이런 경험은 들을 때마다 신비하고 경이롭다. 학생들의 소중한 친절의 기록들 속에는, 특히 대가를 바라지 않는 순수한 친절이 얼마나 신나고 기쁘고 다차원적인 유익을 지닌 활동인지 잘 알려준다. 나는 '주는 것이 받는 것보다 훨씬 더 행복하다'고 장담한다. 확실히 그렇다!

삶의 의미 추구하기 훈련

은은한 향기를 품은 삶

나의 학창 시절 극장가는 홍콩 영화의 전성기였다. 그 시절 스타는 성룡, 주윤발, 장국영 같은 느와르 영화의 주인공들이었다. 이제는 세월이 흘러 사람들의 기억에 잊혀진 이름들이지만 최근 주윤발에 대한 기사를 접하고 그를 다시 떠올리게 되었다. 그를 생각하면 〈영웅본색〉이나 '바바리 코트'가 떠올랐지만, 신문 기사를 통하여 알게 된 그는 아내에 대한 지극한 사랑을 지닌 남편이자 한 달 용돈 800홍콩달러(약 11만 원)에 대중교통을 이용하며 자신의 휴대폰을 17년간 사용하는 정말 소박한 삶을 사는 사람이었다.

더 나아가 주윤발은 2010년부터 "세상을 떠난 뒤 재산의 99퍼센트를 사회에 기부하겠다"고 말해왔는데, 실제로 영화 홍보차 들른

대만 타이베이의 한 팬미팅에서 구체적으로 그의 전 재산인 56억 홍콩달러(약 8,100억 원)를 기부하겠다고 밝혔다. 주윤발은 전 재산을 기부하는 의사를 밝힌 뒤 "그 돈은 내 것이 아니고, 내가 잠시 보관하고 있는 것일 뿐"이라고 겸손하게 말했다. 나에게 더 인상적으로 다가온 것은 그의 기부 액수가 아니라 기부를 발표하며 밝힌 그의 소신이었다.

> 인생에서 가장 힘든 것은 많은 돈을 버는 것이 아니라 평화롭고 평온한 태도로 사는 것입니다. 내 꿈은 행복해지는 것이고 보통 사람이 되는 것입니다.
>
> — 노우리, 〈주윤발 "全재산 8100억원 기부… 한 달 용돈은 11만원"〉, 조선일보, 2018.10.15.

그는 행복의 근원이 돈이나 화려한 생활에 있는 것이 아니라 소박하고 의미 있는 삶을 사는 것에 있다는 것을 진작에 깨달은 현명한 사람이다. 나눔과 평화를 추구하는 의미 있는 삶을 살고 있는 그의 인생의 향기가 참 은은하고 고귀하게 다가왔다. 날로 풍성해질 그의 미래가 기대된다.

삶의 의미를 추구하는 인간

주윤발처럼 의미를 추구하는 삶이 진짜 더 행복할 수

있을까? 2018년 서울대 최인철 교수 연구팀은 '즐거움을 추구하는 것'과 '의미를 추구하는 것' 중 무엇이 더 중요한지를 알아보기 위해 20대에서 70대에 걸쳐 총 508명의 성인들을 모집했고, 웰빙 신념 척도를 통해 좋은 삶의 진정한 모습을 포착하기 위한 연구를 진행했다. 분석 결과는 무척 흥미로웠다. 좋은 삶이란 '즐거움을 경험하고 고통을 피하는 것'이라고 믿을수록, 역설적으로 즐거움과 만족을 경험하지 못하는 것으로 나타났다.

반면에 좋은 삶이란 '자기를 성장시키고 타인의 삶에 긍정적으로 기여하는 것'이라고 믿을수록 자기 삶에 만족감이 크고 긍정 정서도 강하게 경험하는 것으로 나타났다. 더 흥미로운 사실은 이 결과가 나이에 따라 어떻게 달라지는지 분석해보았더니 '자기가 성장하는 것과 타인의 삶에 기여하는 것'이 좋은 삶이라고 생각하는 패턴은 나이가 들어갈수록 더 높게 나타났다.

또한 이 연구가 혹 의미를 중시하는 한국인의 고유한 특성에 근거한 것이 아닌가 하는 의구심을 극복하기 위해, 최인철 교수 연구팀은 18세부터 66세까지 다양한 연령대의 미국인 513명을 대상으로 실생활의 스트레스까지 측정하는 더 확대된 연구를 진행했다. 그러나 그 결과에서도 완벽하게 동일한 패턴을 얻을 수 있었다. '즐거움을 경험하는 것과 고통을 피하는 것'이 좋은 삶의 요소라고 생각하는 미국인들이 '자기 성장과 타인에 대한 기여'가 좋은 삶에 더 중요하다고 믿는 미국인들보다 훨씬 더 낮은 행복감을 경험하고 있었고, 이 패턴은 스트레스 측정에서도 동일하게 나타났다.(최

인철, 《굿 라이프》, 21세기북스, 2019)

'좋은 삶'에 대한 동서양의 공통적인 연구 결과를 통해 빅터 프랭클(Viktor Frankl)의 '의미에서의 의지'를 추구하는 인간상에 대해 생각해보게 되었다. 프랭클은 《빅터 프랭클의 죽음의 수용소에서》(청아출판사, 2005)라는 책에서 삶의 희망이라고는 어디에서도 찾아볼 수 없었던 아우슈비츠라는 극한의 상황에서 인간을 인간답게 행동하도록 하는 결정적인 힘이 감각적인 즐거움이 아니라 삶의 의미를 발견하려는 의지였다고 주장했다. 그가 창설한 로고테라피 학파에서는 현대인의 정신적 문제의 핵심은 자신의 존재에 대한 '의미와 책임'을 발견하지 못하는 것이라고 했다. 그리고 '의미를 찾으려는 의지의 좌절'이 근본 문제라고 지적하며 유명한 니체의 말을 인용했다.

> 왜(why) 살아야 하는지 아는 사람은 그 어떤(how) 상황도 견뎌낼 수 있다.

실존적 좌절이 가져온 아픔들

《빅터 프랭클의 죽음의 수용소에서》의 서문을 읽으며 정말 공감하는 글을 발견했다.

> 나는 우리 시대의 불행을 기록해놓은 이 책이 베스트셀러가 되었

다는 것이 나 개인으로서는 그렇게 대단한 성과나 성공이라고 생각하지 않는다. 하지만 그렇게 많은 사람들이 제목 그 자체에서 삶의 의미에 대한 문제를 다룰 것으로 기대하는 이 책을 선택했다는 것은 그만큼 그들에게 이것이 절박한 문제라는 사실을 입증하는 것이라 할 수 있다.

삶의 의미 상실이 현대인의 가장 절박한 문제임을 보여주는 통계 결과들이 있다. 2019년 우리나라의 10대, 20대, 30대 사망 원인 1위는 자살이다. 특히 20대 여성 자살률은 전년 대비 25.5퍼센트 급증했다. 한국은 다년간 OECD 국가 중 자살률 1위를 차지하고 있다. 이처럼 살아야 할 이유를 찾지 못하고 좌절하여 생명을 포기하는 상황을 빅터 프랭클은 '실존적 좌절'이라고 지칭한다. 실존적 좌절은 정신질환을 초래할 수 있고 이런 현상을 '누제닉 노이로제(Noogenic Neurosis)'라고 부른다.

누제닉 노이로제는 욕구와 본능의 갈등 때문에 생기는 것이 아니라 의미를 찾으려는 의지가 좌절될 때 경험하게 된다. 도대체 인생은 무엇 때문에 존재하는지, 왜 사는지, 누굴 의지해야 할지 모르고, 어느 것 하나 실현되지 않는 현실에 절망하며 쓸쓸함과 내적 공허감에 몸부림치는 경험을 이르는 표현이다. 현대인들의 주요 증상인 우울증, 불안, 중독 등과 같은 정신적인 문제들은 이러한 실존적 좌절과 깊은 연관이 있다.

우리는 10년 전보다 훨씬 더 편리하고 발전된 세상에 살고 있지만 우울증은 10배나 더 증가했고, 명예나 재산이나 미모 등 어느 것 하나 빠지지 않는 사람들이 우울, 불안으로 고통당하고 자살에 이르는 모습은 살아야 할 의미를 발견하지 못한 '누제닉 노이로제'가 만연한 우리의 현실을 잘 반영한다.

바쁘고 힘들 때 느끼는 의외의 행복

나는 가끔 휴가지의 멋진 풍경을 보거나 녹음이 짙은 숲과 같은 휴식과 충전에 관한 사진을 볼 때 처음에는 정말 좋겠다는 생각이 드는데 그곳에 있는 나 자신을 상상하다 보면 묘하게 마음이 불편한 경험을 하곤 한다. 그런 내 마음을 조금 더 자세히 들여다보니 멋진 휴가지에 가는 길과 그곳에서 즐기는 생각을 할 때까지는 좋지만, 돌아오는 장면을 생각하면 돌아와서 해야 할 일상에 대한 부담이 몰려온다. 정말 멋진 사진을 볼 때 가졌던 미묘한 불편감은 쾌락주의적 행복이 갖는 한계를 보여준다.

그런데 얼마 전 정말 반대되는 새로운 경험을 했다. 많은 행정 업무와 회의, 연구 프로젝트 계획서를 작성하느라 식사도 거르고 긴장 가운데 마감 시간 직전에 서류를 완성하여 제출했다. 또한 그 일을 마치고도 남아 있는 저녁 수업과 다음 날 아침 발표 자료까지 준비하고 나니 정말 내 안에 있는 마지막 에너지까지 소진하여 탈진할 것 같은 느낌이 들었다. 꽤 늦은 시간 거의 불이 꺼진 연구실의 어두운 복도를 걸어 나오는데 신기하게도 전혀 기대하지 않았던 묘한 평온과 잔잔한 행복감이 몰려왔다.

힘들었지만 무언가를 완성한 경험, 해내지 못할 것 같은 일을 이루어낸 성취감, 연구를 통해 세상에 기여할 수 있겠다는 막연한 희망감으로 물에 젖은 솜뭉치 같았던 몸이 조금씩 가벼워지는 느낌이 들었다. 나의 고되고 힘든 하루 속에 녹아 있는 삶의 의미가 부리는 마술 같은 경험이었다.

이 작은 경험을 통해 나는 삶의 의미에 대한 개념을 다시 생각해보게 되었다. 삶의 의미에는 원대한 목표, 고귀한 소명, 무아적 희생, 국가에 대한 충성, 순교자의 삶과 같은 크고 추상적인 의미만 있는 것이 아니라 일상의 지극히 작고 사소한 경험들도 삶의 의미를 품고 있음을 깨달았다.

나의 삶에서 중요한 일, 그리고 조금이라도 세상에 유익을 끼칠 수 있는 타인을 향한 배려, 내 앞에 놓인 역경과 어려움을 포기하지 않고 이루었다면 나의 삶은 의미가 충만한 삶이 되는 것이다. 나에게 주어진 삶을 긍정적으로 수용하고 주변 사람들과 어울려 정을 나누며 희로애락의 굴곡진 삶을 충실히 살아간다면 의미 있는 삶을 살고 있다고 자족할 수 있다.

우리 삶을 받치고 있는 소중한 네 기둥

긍정심리학에서는 우리 일상 속에 녹아 있는 삶의 의미를 발견할 수 있는 네 가지 요소들을 알려준다. 이것은 일(Work),

사랑(Intimacy), 영성(Spirituality), 초월(Transcendence)의 영역이며 줄여서 WIST로 부른다. 이 네 가지 영역에서 긍정적인 결과를 얻은 사람들이 정신적으로 건강할 뿐 아니라 신체적으로 건강한 것을 알 수 있다. 반면에 이 영역들에서 의미 있는 성과를 얻지 못할 경우 실존의 절망을 느끼게 된다(권석만, 《긍정 심리학》, 학지사, 2008).

일을 통해 의미 있는 성취를 경험하는 사람들은 삶의 목표를 세우고 그 목표를 이루기 위해 정진하는 사람, 목표를 이루는 과정에서 맞닥뜨리는 수많은 도전 앞에서 때로는 실망하고 좌절하지만 결국에는 어려움을 극복하고 소명을 발견하는 기쁨을 누릴 수 있다. 사랑은 단순히 이성 간의 애정을 넘어 주변 사람들과 어울려 사는 기쁨을 알고 서로를 지지하고 친밀감을 나누며 배려하는 삶을 살아가는 것이다.

영성은 우리가 살고 있는 이 세상 너머의 세상을 인식하고, 세상을 주관하는 신적인 존재와 친밀한 관계를 맺고 신의 영적 개입을 인정하며, 우주의 기원과 질서, 자연에 대한 경외감을 갖고 사는 삶을 지칭한다. 마지막으로 초월이란 개념은 나 자신의 이기적인 관점을 벗어나 이타적인 확대된 관심을 의미한다. 타인에 대한 관심, 공동체에 대한 관심, 미래 세대에 대한 관심, 궁극적으로 자신의 삶을 통해 후대에 어떤 유산을 남길 것인가에 대한 관심을 가지고 이를 구현하는 삶을 사는 것이다. 일, 사랑, 영성, 초월과 관계를 맺으며 나만의 발자취를 일구어가는 삶은 진정 의미 있는 삶이다.

삶의 의미 추구하기 훈련 1 : 코페르니쿠스적 전환하기

그렇다면 삶의 의미를 어떻게 발견할 수 있을까? 많은 사람들이 삶의 의미를 찾을 수가 없다고 불평한다. 찾기만 하면 잘할 수 있는데 찾는 방법을 모르겠다고 한다. 빅터 프랭클은 삶의 의미를 찾는 방법에 대한 매우 중요한 통찰을 제시하고 있다. 그가 주창하는 로고테라피에서는 삶의 의미를 찾지 못해 실존적 좌절을 경험하는 현대인들에게 '코페르니쿠스적 전환'이라고 부를 정도로 전혀 다른 방향의 조언을 하고 있다. 그는 '삶의 의미는 부여되는 것이 아니라 획득되는 것'이라는 점을 인식하라고 한다. 삶의 의미를 찾지 못해 힘들어하는 사람들에게 그는 위로보다 도전을 던진다.

> 인간,에게 질문을 던지는 것은 삶 자체다. 인간은 질문을 할 필요가 없다. 인간은 오히려 삶에서 질문을 받는 자다. 그리고 삶에 대답해야 하며 삶을 책임져야 하는 자다.
>
> ㅡ 빅터 프랭클, 《빅터 프랭클의 영혼을 치유하는 의사》, 청아, 2017

그는 의미 없는 삶은 없다고 단정 지어 말한다. 그가 경험했던 유대인 수용소의 처참한 상황 속에서 독일군들은 그들의 육체를 통제하고 괴롭히고 비참하게 만들 수는 있었지만 그들의 내면은 통제할 수 없었다. 그는 수용소의 수감자들을 관찰하며 삶에 어떤 목적이 있는 사람들은 지독한 시련과 죽음에도 끝까지 생존한다는 것을 발견했다. 그 자신도 아내에 대한 사랑과 로고테라피를 완성해야 한다는 목적 때문에 생존할 수 있었다. 하지만 어느 누구도 그 목적이 무엇인지 말해줄 수 없다. 각자 스스로 알아서 찾아야 하며, 그 해답이 요구하는 책임도 받아들여야 한다. 사람들은 어떤 조건에서도 삶의 의미를 찾을 수 있고 그것을 성취할 때 행복이 온다.

삶의 의미 추구하기 훈련 2 : 창조가치, 체험가치, 태도가치 발견하기

빅터 프랭클은 삶의 의미를 발견할 수 있는 구체적인 방법으로 세 가지 가치를 추구하는 삶을 추천하고 있다. 바로 창조가치, 체험가치, 태도가치이며 구체적인 의미는 다음과 같다.

- 창조가치 : 무엇을 창조하거나 어떤 일을 함으로써 삶의 의미를 획득하는 것. 일, 육아, 교육, 예술활동이나 학문, 사업이나 봉사활동 등과 같은 어떤 일에 몰두함으로써 삶의 의미를 발견하는 것.
- 체험가치 : 어떤 일을 경험하거나 어떤 사람을 만남으로써 얻게 되는 가치. 자연 체험, 예술 체험, 사랑 체험을 통해 생명의 에너지를 충전하고 살아가야 할 이유를 발견하는 것.
- 태도가치 : 피할 수 없는 시련에 대해 긍정적으로 수용적인 태도를 취하기로 결정하는 것. 내가 경험하는 역경과 어려움

을 극복할 수 있는 태도를 취함으로써 얻게 되는 의미.

이런 경험들을 위해 목표를 설정하고 작은 성취들을 이루어가며 지치지 않고 한 걸음 한 걸음 나아갈 때 우리의 삶이 충만해지는 경험을 하게 된다. 그 일들은 체중 조절을 위해 간식을 먹지 않기, 주말에 가족들과 시간을 보내기, 처음 보는 사람에게 먼저 인사하기, 타인을 있는 그대로의 모습으로 수용하기, 난관을 만나도 놀라거나 물러서지 않고 담담히 이겨내기 등과 같은 작고 소박한 목표를 이루어나가는 것이다.

중요한 것은 남의 것이 좋다고 모방하거나 무리하기보다 자기 내면의 목소리를 청종하여 자신만의 목표를 발견하고 그 일들이 일상이 되게 하는 것이다. 그리고 이런 일상들이 모여 더 나은 내일을 만들어가게 된다. 또한 의미 있는 삶을 일구기 위해 꼭 기억해야 할 모습은 유연하고 한결같은 태도이다. 너무 딱딱하여 바람이 불면 꺾이는 모습이 아니고, 그렇다고 너무 목적 없이 방황하는 줏대 없는 모습도 아닌 주어진 목표를 향해 꾸준히 걸어가되 상대의 다양성과 상황의 복잡성을 인식하고 여유를 누릴 수 있는 삶을 사는 것이 중요하다.

닮고 싶은 삶을 발견하다

오랜만에 정말 감동적인 영화 한 편을 보았다. 2018

년에 개봉한 영화 〈오직 사랑뿐〉은 전 세계에서 가장 유명한 로맨스 실화를 처음으로 영화화해 화제가 된 작품이다. 아무런 기대 없이 보게 된 영화였는데 점점 깊이 빠져들었고 마지막에는 가슴 벅찬 감동으로 가득 차 영화가 끝난 다음에도 빠져나오기 힘든 기분이었다. 그 영화는 한 사람의 인생을 품격 있고 충만하게 이끌 수 있는 요소인 '일, 사랑, 영성, 초월'에서 충만한 결실을 이루는 삶의 모습을 구체적으로 잘 보여주고 있었다.

〈오직 사랑뿐〉은 1947년 갖은 위협 속에서도 조국과 사랑을 지킨 보츠와나공화국 초대 대통령 세레체와 그의 아내이자 아프리카 최초의 백인 퍼스트레이디 루스의 실화 러브 스토리다. 백인과 흑인의 결혼이 법적으로 금지되던 시절 두 사람의 사랑은 불가능에 가까웠다. 그렇기 때문에 운명적인 사랑에 빠져든 세레체와 루스의 결혼은 전 세계의 이목을 집중하기에 충분했다. 심지어 영국, 남아프리카공화국, 베추아날란드까지 총 3개국은 자국의 이익을 위해 그들의 결혼을 반대하였다. 당시 왕으로 집권하고 있던 세레체의 숙부는 백인과 결혼할 경우 왕권을 포기하라는 최후통첩까지 날렸다.

하지만 두 사람은 조국과 사랑 모두를 지키기 위해 참으로 긴 투쟁의 시간을 서로에 대한 신뢰와 지지로 채우며, 그들 앞에 놓인 수많은 어려움에 좌절하지 않고 힘을 합쳐 역경을 하나씩 걷어냈다. 그 결과 자신들의 사랑을 지키는 일을 넘어서서 아프리카 대륙의 인종차별과 식민지의 부당함을 이겨내고 국민들 스스로가 주인이 되는 아프리카 대륙 최초의 민주주의 국가인 '보츠와나공화국'을 탄생시켰다. 그리고 마침내 세레체는 보츠와나공화국 초대 대통령으로 선출되었고 아내인 루스는 1966년부터 1980년까지 정치적으로 영향력 있는 아프리카 첫 백인 퍼스트레이디로서 왕성한 활동을 했다.

한 개인이 자기답게 살아가는 일에 충실할 때 그 결과가 가져오는 아름다운 나비효과로 얼마나 큰일을 이룰 수 있는지를 두 사람의 삶을 통해 배울 수 있었다. 그리고 의미 있는 삶이 얼마나 행복할 수 있는지도 알게 되었다. 내 삶의 방향키가 되어주는 의미가 이끄는 삶을 매 순간 살아가는 충실성이야말로 꼭 이루어야 할 삶의 목표임을 다시금 깨닫게 된 귀중한 시간이었다.

웰다빙 라이프 구축하기 훈련

낙조가 깨우쳐준 인생 선물

내 인생에 있어 가장 아름다운 일몰 광경을 마주한 곳은 무의도의 한 해변에서였다. 바다 위로 나 있는 산책로에서 바다와 절벽을 함께 감상할 수 있는 경치도 일품이었지만 사방을 오렌지빛으로 물들이며 바다 위에 살포시 내려앉는 아름다운 석양은 정말 운치 있었다. 그 석양의 풍경은 너무 강렬하여 미적 감동을 넘어 나의 철학적 감성까지 자극했다.

장마로 인해 며칠 내내 비가 왔고 그날도 하루 종일 흐릴 것이라는 일기예보 탓에 기대 없이 떠난 길이었다. 오후가 지나면서 점점 날씨가 개더니 그림 같은 황홀한 낙조를 선보인 석양 풍경은 자연의 깜짝 선물 같았다. 아름다운 일몰의 광경을 바라보며, 나는 우리의 인생도 이처럼 흐리고 어둡다가도 그 끝은 가장 아름답고 감동적인 풍경이 되면 좋겠다는 간절한 바람을 품었다.

낙조의 아름다움을 마음에 간직하고 돌아오는 길에, 내가 살아온 삶을 담담히 돌아보았다. 내가 살아온 삶은 어떤 컬러와 어떤 모습으로 기억될까? 반백년을 살아온 내 삶을 통해 '어떻게 사는 것이 가장 나답게 사는 것'인지 질문을 해보았다.

그런 생각을 하다가 스쳐 지나가는 경치들이 새롭고 입체적으로 다가오며 엉뚱한 생각이 들었다. 길가에 심어진 아름드리나무들은 '나답게 사는 것'을 생각할까? 평화롭게 누워 쉬고 있는 저 강아지는 '앞으로 어떤 강아지가 되어야 하는지' 고민할까? 그리고 그런 생각의 결과로 이전과 다른 나무, 더 성숙한 강아지가 되어 다른 삶을 선택할 수 있는가로 생각이 이어졌다.

연리지 같은 나무들을 보면 나무들도 스스로 생존을 위하여 선택하는 것 같다. 강아지들도 주인과 함께 삶을 동행하며 온전히 사랑과 위로를 주는 존재이기에 사람보다 키우는 반려견에게 더 큰 위로를 받는 사람들도 있다. 물론 차이는 있겠지만 만물에게 주어진 능력 중에 '더 나은 삶'을 향한 선택과 그 결과가 있다는 것이 크게 다가왔다. 그리고 어떤 만물보다 '나다운 삶'을 살고자 하는 질문과 선택을 할 수 있는 특권이 인간에게 가장 많이 있다는 결론에 도달하며, '어떻게 나답게 살 것인가'라는 화두가 인간에게 주어진 가장 큰 선물이 아닌가 하는 생각이 들었다.

죽음 준비에 실패하면 실패하는 죽음을 준비하는 것이다

'어떻게 나답게 살 것인가'를 위한 선택의 출발점은 역설적으로 인생의 종착점에서 시작해야 한다. 왜냐하면 우리 앞에 결코 부인할 수 없는 한 가지 진실은 바로 모든 사람은 언젠가 죽는다는 사실이다.

아무리 똑똑하고 뛰어난 사람도 자신이 언제, 어디서, 어떻게 죽을지 아는 사람은 없다. 우리가 아는 것이라고는 누구나 죽는다는 것, 죽을 때 아무것도 가져갈 수 없다는 것, 세상에 오는 순서와 가는 순서가 다르다는 것, 아무리 사랑해도 대신 죽어줄 수 없다는 것이다.

반대로 죽음에 대해 모르는 것도 명확하다. 특히 죽음에 대해서는 아는 것보다 모르는 내용들이 더 강렬하게 다가온다. 그 무지가 품고 있는 양면성 때문인 것 같다. 우리 모두는 언제, 어디서, 어떻게 죽을지 모른다는 사실을 잘 안다고 생각한다. 하지만 우리는 이 사실을 전혀 모르는 것처럼, 아는 사실도 잊고 싶어 하는 것처럼 살아가는 심각한 양면성을 경험하고 있다. 어쩌면 이 양면성에 대한 각성이 우리 인생의 질과 가치를 통째로 바꿀 수도 있다는 생각이 들었다.

로마의 철학자 키케로는 "지혜로운 사람에게는 삶 전체가 죽음에 대한 준비다"라는 비장한 글로 우리를 죽음의 양면성에 직면하도록 이끈다. 그의 말은 익히 들어왔던 명언인 "준비에 실패하면 실패를 준비하는 것이다"라는 말과 연결되면서 '죽음 준비에 실패하면 실패하는 죽음을 준비하는 것이다'라는 말로 나에게 다가왔다. 따라서 요즘 유행하고 있는 '웰다잉'의 반대말은 '불행한 죽음'이 아니라 '준비하지 않은 죽음'이라는 생각이 들었다. '사랑'의 반대말이 '무관심'이듯 죽음에 대해 생각하지 않고 준비하지 않는 것이 가장 큰 실패인 것이다.

지혜로운 사람은 매일 자기 삶의 선택이 죽음을 결정하는 순간임을 자각하는 사람이다. 아직은 젊다는 오만과 죽음에 대한 나의 무각성 때문에 지혜롭지 못한 삶을 살아가고 있다는 후회와 지금이라도 이런 깨우침을 얻게 되었다는 안도감이 동시에 느껴진다.

죽음의 역설

사실 삶에서 죽음을 생각하면 우리 모두는 슬프고 두렵다. 떠난 사람을 생각하면 마음이 아프고, 내가 떠날 생각을 하면 남겨진 사랑하는 사람들 때문에 한없이 서글프다. 삶에서 죽음을 보며 느끼는 이런 부정적인 감정들은 너무나 자연스러운 것이다. 그러나 반대로 죽음 쪽에서 삶을 바라보면, 내가 언제 죽을지 모르니까 삶의 소중함을 깨닫게 된다. 죽음이 삶을 긍정적으로 보게 하는 것이다. 이것이 바로 '죽음의 역설'이다. 언제, 어디서, 어떻게 죽을지 모른다고 막연히 불안해하기보다 적극적으로 죽음을 준비할 필요성을 알게 하는 소중한 역설이다.

최근 들어 학교에서 주목하고 있는 수업 방법은 '플립트 러닝

(Flipped Learning)'이다. 우리나라에서는 '거꾸로 학습'이라고 부른다. 예전에는 학교에서 친구들과 함께 배우고 집에 가서 혼자 숙제를 하는 것이 전형적인 학습 방법이었다. 하지만 최근에는 온라인 수업을 통해 수업 내용을 미리 숙지하고 학교에 와서는 선생님과 친구들과 함께 협동 학습을 통해 체험 중심 수업을 진행한다. 그리고 연구 결과 '거꾸로 학습' 방식이 자기 주도적인 학습을 할 수 있고, 미래 세계의 여러 도전을 준비하는 역량을 쌓는 데 더 효율적인 수업 방법임이 입증되고 있다. 학교에서 배우는 지식뿐만 아니라 인생 학교에서 배우는 죽음에 대한 학습에서도 거꾸로 뒤집어 보는 '거꾸로 학습'이 필요하다는 생각이 들었다.

죽음에 대한 '거꾸로 학습'을 제대로 실행한 지혜로운 한 사람의 삶의 레시피를 소개하고 싶다. 2017년 11월 20일자 일본 〈니혼게이자이 신문〉에 흥미로운 광고가 실렸다. 해당 날짜로부터 3주 후인 12월 11일에 있을 초대자의 생전 장례식에 관한 광고였다.

광고를 게재한 사람은 '안자키 사토루'라는 80세 남자로, 일본 건설기계 분야 1위 기업 '고마쓰'의 회장을 역임한 분이었다. 그는 온몸에 암이 전이되어 수술 불가능 판정을 받고 연명 치료 대신 조금이라도 건강할 때 자신을 아는 사람들에게 감사의 마음을 전하고 싶다며 생전 장례식을 기획했다.

그의 생전 장례식에는 지인, 동창생, 회사 관계자 등 천여 명이 참석했고, 안자키 사토루가 평생을 어떻게 살아왔는지 보여주는 사진과 동영상이 상영되었으며, 고향 도쿠시마현의 전통 춤 공연도 있었다. 주인공인 그는 휠체어를 타고 모든 테이블을 돌면서 사랑하는 지인들과 자신의 인생 마지막 인사를 직접 나누는 행운을 누렸다. 그리고 그는 생전 장례식을 치르고 6개월 후, 81세의 나이로 생을 마감했다.

그 이야기를 읽으며 그의 지혜로운 단호함과 실천력에 감동했고, 나도 그처럼 죽음에 대한 '거꾸로 학습'을 제대로 실천하고 싶다는 열망을 갖게 되었다.

'웰다빙'을 추구하는 삶

나는 죽음을 위한 웰다잉(Well-dying)과 삶을 위한 웰빙(Well-being)이 하나라는 생각을 하다가 '웰다빙(Well-DyBing)'이라는 단어를 생각하게 되었다. 웰다빙은 인간으로서 품위 있는 죽음에 대한 소망을 전제로 현재의 삶을 풍요롭게 가꾸어가는 태도를 의미한다. 죽음에 대한 절망과 두려움 대신 삶의 희망을 떠올리고 의미 있는 삶으로 만들어가려는 의지와 기대를 품고 있는 말이다.

주변에 웰다빙을 실천하고 있는 분들이 있다. 우리가 잘 알고 있는 이어령 박사는 현재 말기암 환자다. 그는 암을 진단받고 마음의 동요를 느끼기보다 '이제 자신에게 주어진 삶이 한계가 있고, 남은 시간을 소중하게 보내야 한다는 생각'이 더 명확해졌다고 했다. 그래서 치료를 위해 병원에 매달리는 '투병의 삶'이 아니라 남은 삶을 더 의미 있게 살기 위한 '친병의 삶'을 살고 있다고 한다.

잘 죽기 위해서는 잘 살아야 한다. 그래서 웰빙은 웰다잉으로 완성되고 죽음 준비는 결국 삶을 위한 것, 지금 여기에서 정성껏 사는 웰다빙을 추구하는 것이 중요하다.

호주의 말기암 환자 완화 의료 전문 간호사 브로니 웨어는 임종을 앞둔 환자들에게서 12주 동안 들은 이야기를 자신의 책 《내가 원하는 삶을 살았더라면》(피플트리, 2013)에 남겼다. 그녀는 환자들이 '죽기 전에 하는 후회 다섯 가지'를 다음과 같이 꼽았다.

- 다른 사람이 기대하는 삶이 아니라 나 자신에게 좀 더 솔직한 삶을 살기
- 너무 열심히만 살지 않기
- 내 감정을 있는 그대로 표현하는 용기 갖기
- 친구들과 좀 더 자주 만나기
- 나 자신이 좀 더 행복해지려고 노력하기

이 모든 후회의 공통점은 위대한 일, 어려운 일들에서 실패한 것이 아니라 평범하고 지금이라도 실천할 수 있는 쉬운 일을 선택하지 않은 것이다. 정작 나에게 소중한 것들을 하지 않고 미루었던 것에 대한 후회가 담겨 있다.

그녀의 조언을 읽으며 일상의 소중한 선택 미루기가 얼마나 큰 아픔이 될 수 있는지를 알려줄 두 사람의 마지막 인사말인 묘비명이 떠올랐다. 하나는 아일랜드 극작가 조지 버나드 쇼의 '우물쭈물

하다 내 이럴 줄 알았다'이고, 다른 하나는 걸레 스님이라 불렸던 중광 스님의 '괜히 왔다 간다'이다.

우리도 이대로 살다가는 '우물쭈물하다 괜히 왔다 간다'고 할 수 있다. 죽을 때 후회하지 말고 죽기 전에 하고 싶은 것들을 미리 생각해보고 신속하게 실천해보자. 내가 할 수 있는 것부터 찾아서 하나씩 하다 보면 죽기 전에 나는 원하는 것을 실천하면서 살아왔다고 마음에 위로를 할 수 있는 웰다빙의 주인공이 될 것이다. 이제 웰다빙 라이프를 추구할 수 있는 구체적인 방법들을 함께 알아보자.

웰다빙 구축하기 훈련 1 : 인생 사명 발견하기

2020년 대학생들의 인성 교육을 위한 교재 집필팀에 참여할 기회를 얻게 되었다. 다양한 전공의 교수님들이 한 팀을 이루어 자신의 행복 노하우를 공유하는 책《행복 레시피》를 함께 집필했다. 처음에는 부담을 갖고 참여했지만, 완성된 책을 읽어보며 나 또한 많은 배움을 얻게 되었다.

특히 신학과 교수님이 쓰신 내용 중에 인생 사명을 발견하는 방법이 참 인상적이었다. 내 삶이 조금 더 행복하다고 느끼게 된 계기들을 돌아보니 나도 무언중에 동일한 인생 목표를 추구하는 것을 알게 되었다. 역설처럼 보이지만 깊은 의미를 품고 있는 이 삶의 철학이 웰다빙한 삶을 추구하는 데 도움이 될 것 같다.

첫째, 하나 더 가진 것이 사명이다. 작고 소박하지만 남보다 내가 하나 더 가진 축복이 있다면 나누며 사는 것을 인생 목표로 삼자. 평생 힘들게 살며 모아온 전 재산을 대학의 인재 육성을 위해 기부하거나, 낙후한 지역에 가서 헌신하는 삶을 사는 거창한 목표도 할 수만 있다면 좋다. 하지만 이런 거창한 나눔도 좋지만 소박한 나눔도 결코 이에 못지않다고 생각한다.

진주에 살고 계신 친정 부모님은 가끔 전화를 드리면 늘 이웃들을 초청하여 식사를 함께 즐기고 계신다. 그중 같은 건물에 사시는 홀로 되신 한 아주머니가 자살을 시도할 정도로 우울증이 심했었다고 한다. 그런데 부모님의 '따뜻한 집밥'을 꾸준히 함께하며 이제는 우울증과 불면증을 극복하고 적극적인 삶을 살게 되셨다는 이야기를 들었다. 그 이야기를 들으며 한 사람이 할 수 있는 작은 나눔이 얼마나 큰일이 될 수 있는지를 알게 되었다.

둘째, 유달리 고통받는 부분이 사명이다. 남보다 아파한 적이 있다면 그것은 주저앉아야 할 시련이 아니라 남을 일으켜야 하는 사명이다. 나는 대학원에서 중독을 전공하는 석·박사 학생들을 가르치고 있다. 그들 중에는 자신을 괴롭히는 중독을 지닌 채 그 아픔을 극복하기 위한 방법으로 학위 과정에 들어와 연구하는 학생들이 있다.

이번 학기에 단연 가장 의미 있는 연구 업적을 쌓고 있는 학생은 알코올중독 문제로 무척 힘든 삶을 살고 있는 한 박사 과정 학생이다. 그녀는 박사 학위 논문으로 알코올중독 문제를 장기적으로 잘 관리하여 회복 중인 경험자들을 만나 효과적인 단주 관리와 삶의 질을 향상하는 방법들을 찾는 논문을 쓰고 있다. 그리고 이 논문을 통해 중독 재발로 힘들어하는 사람들에게 진정한 도움을 주기 위해 각고의 노력을 기울이고 있다. 먼 거리에 있는 연구 대상자들을 만나기 위해 일일이 발품을 팔고, 그들의 소중한 이야기를 한 단어 한 단어씩 분석하며 진정 고통이 사명이 되는 삶을 살아가는 그 학생을 존경하는 마음으로 지켜보며 동행하고 있다.

셋째, 관심과 부담감이 사명이다. 남보다 설레는 꿈이 있다면 그것이 사명이다. 교양에서 심리학을 가르치며 마음의 상처가 깊었던 학생들에 대한 관심과 그들이 좀 더 행복했으면 하는 나의 바람은 긍정심리학의 세계로 나를 이끌었다. 그리고 그 작은 선택이 학생들의 삶에 변화를 가져오게 했고, 그 누구보다도 나의 삶을 확장하고 성장시키는 데 가장 큰 기여를 했다. 이 책의 마지막 장을 적고 있는 오늘의 내 모습도 내 안에서 무시할 수 없었던 부담감과 관심 덕분이었다. 상담심리학 강의를 들었던 첫날의 그 강렬했던 설렘과 몰입이 지금의 나를 있게 한 일등공신이다.

웰다빙 구축하기 훈련 2 : 더 높은 세계와 연결하기

내 인생의 소원 중 하나는 별이 가득한 밤하늘을 경험하는 것이다. 그토록 오랜 시간 간직한 소망이었지만 내 나이 50세가 다 된 시점에 우연히 그 소원을 성취하게 되었다. 2019년

국제학회에 발표자로 초청을 받아서 비행기를 여러 번 갈아타고 페루에 도착하였다.

학회 마지막 일정이 페루 최고의 명승지 '마추픽추'를 방문하는 것이었는데 철도 노동자들의 파업으로 2시간 동안 택시를 타고 중간에 있는 한 장소에서 마추픽추에 가는 기차를 탈 수 있었다. 돌아오는 순간까지도 파업이 끝나지 않아 동일한 방법으로 2시간 동안 택시를 타고 숙소로 돌아올 수 있었다. 타국에서 온 교수들과 한 조가 되어 깊은 밤 택시를 타고 오지의 숲길을 오는 여정은 여러 불안이 있었지만 그 무거운 마음을 날려준 것은 캄캄한 숲길에서 만난 수많은 별들로 가득한 밤하늘이었다.

나의 간절했던 인생 소원이 기대하지 않던 시간 정말 낯선 곳에서 한순간에 이루어졌다. 말로 표현할 수 없는 경외감이 마음을 가득 채웠다. 나라는 존재에 대한 인식은 점점 옅어지고 우주 만물로 연결되며 그 광활함과 말로 표현할 수 없는 아름다움 앞에 나는 한없이 작아지고 겸허해졌다. 나의 작아진 존재감에 대한 인식과 이 우주에는 만물을 주관하는 창조주가 있다는 확신이 마음을 가득 채우는 신비로운 경험을 했다. 그리고 그날의 경험은 나에게 더 높은 세계와 연결되는 확장이 가져다주는 순간적이지만 역동적이었던 마음의 변화로 깊이 각인되었다.

이런 초월과 경외감의 경험을 심리학에서는 '조망효과(Overview Effect)'라고 부른다. 최초로 인간이 우주 비행에 성공한 이래 수십 년 동안 수백 명의 우주 비행사들이 직접 우주에 나가 지구를 바라보는 경험을 했다. 광활한 우주 공간에 떠도는 작고 푸르고 아름다운 지구를 본 그들은 우주 비행 임무 후에 자신이 완전히 다른 사람이 된 느낌을 받았다.

그들의 가치는 성취감, 즐거움, 자기주도 같은 자기중심적인 일에서 자연과 조화롭게 살기, 신앙, 세계평화와 같은 자기 초월적인 일로 변했다. 더 큰 세계와 연결된 그들은 자신의 문제를 넘어 세상을 보호하고 하나가 되어 조화롭게 살아가는 더 의미 있는 삶을 살 수 있게 되었다. 더 높은 세계와 연결하는 일은 '나'라는 개념에 갇혀 있던 우리를 확장시켜 더 의미 있고 풍성한 삶을 살 수 있도록 인도해준다.

플러스 라이프와 동행해온 삶의 여정

귀족으로 태어난 톨스토이는 부유하고, 유명했으며, 결혼하여 자녀도 여러 명 있었고 당대의 가장 위대한 소설가로 인정받는 삶을 살았다. 하지만 그는 가장 큰 명성을 얻게 된 인생 절정의 순간에 삶이 무의미하다는 결론에 도달하게 되었다. 그리하여 낙담한 그는 죽음을 향해 가는 이 유한한 삶에서 죽음으로 훼손되지 않을 삶의 의미를 찾고자 고군분투했다. 그리고 자신의 정신적 고뇌를 주제로 한 책《참회록》을 집필하기 시작했다.

허무주의로 가득 찼던 그는 자신의 문제를 해결하기 위해 평온한 삶을 살며 의미를 발견한 사람들을 찾기 시작했다. 톨스토이가 발견한 행복한 사람들은 그가 보기에 '단순한 사람들'이었던 배우지 못한 농부들이었다. 그들은 신앙에서 평온한 삶을 추구하는 힘을 얻고 있었다. 신앙은 유한한 인간 존재에 무한한 의미를 부여한다. 무한한 존재와 연결되어 있다는 믿음은 고통, 빈곤, 죽음에도 훼손되지 않는 삶의 의미의 근원이 될 수 있다. 가장 단순한 삶에서 인생의 가장 소중한 진리를 발견했던 톨스토이의 고백이 나의 고백이 되었다.

플러스 라이프를 알아보는 긴 여정을 마무리하며 우리가 추구해야 할 좋은 삶에 대한 명확한 청사진을 갖게 되었다. 그 출발점은 만물을 창조하고 보살피는 무한한 존재와 연결되어 사랑받고 보호받는 존재라는 인식이다. 그리고 그 사랑으로 인해 나 자신이 귀하고 소중한 존재임을 인식하고 내 안의 소중한 가치들을 잘 성장시키는 '긍정적인 나'가 되는 것이다.

'긍정적인 나'는 다른 사람들도 자신처럼 소중히 여기며, 유대감을 느끼며 서로를 지지해주는 따뜻한 사람인 '존중하는 너'로 성장한다. 그리고 긍정적이고 존중을 주고받는 사람들은 자신을 넘어 더 큰 세상과 인류에 작은 도움이라도 되고자 하는 '함께하는 우리'로 성장하므로 플러스 라이프를 추구하는 플러스인(人)이 된다. 이 책을 읽는 모든 독자들의 삶이 마이너스에서 플러스로 전환되므로 더 의미있고 행복한 삶을 살 수 있게 되길 간절히 기원하며 펜을 놓는다.

미리 쓰는 친절일기

일주일 중 3일을 선택하여 실천할 친절 활동을 미리 계획하고 그 실천 결과를 기록해보세요. 매주 꾸준히 실천하고 사랑하는 사람들과 함께 실천하며 경험을 공유하는 시간을 가지면 더 큰 행복을 누릴 수 있습니다.

요일	미리 쓰는 친절일기	실천 결과

참고 문헌

논문

- Alia J. Crum, Ellen J. langer, "Mind-set matters: exercise and the placebo effect", *Psychological Science*, 2007 Feb;18(2): pp. 165-171.
- Martin E. P. Seligman, Tayyab Rashid, Acacia C. Parks, "Positive Psychotherapy", *American Psychologist*, 2006 Nov;61(8): pp. 774-788.
- Watson, D., Wiese, D., Vaidya, J., Tellegen, A., "The two general activation systems of affect: Structural findings, evolutionary considerations, and psychobiological evidence.", *Journal of Personality and Social Psychology*, 1999, 76(5), pp. 820-838.

인터넷 자료

- Life Vest Inside - Kindness Boomerang - "One Day", https://youtu.be/nwAYpLVyeFU
- www.happierhuman.com/benefits-of-gratitude
- 고전5미닛, '모차르트와 살리에리', www.monaissance.com

기사

- 김향미, 〈부인이 병원에 못가 죽자 산 깎아 길 만든 사나이〉, 경향신문, 2013.05.30.
- 노우리, 〈주윤발 "全재산 8100억원 기부… 한 달 용돈은 11만원"〉, 조선일보, 2018.10.15.
- 박주영, 〈태안 기름유출 10년…123만명 손으로 다시 찾은 바다〉, 연합뉴스, 2017.12.03.
- 신은정, 〈색맹소년이 특수안경쓰고 색깔 처음 본 순간〉, 국민일보, 2019.11.28.
- 이인호, 〈앵무새도 동료를 돕는다, 동물의 이타적 행동〉, KISTI 과학향기, 2020.02.24.
- 정여울, 〈피노키오에게는 왜 귀가 필요했나〉, 중앙선데이, 2015.10.04.

책

- EBS 황혼의 반란 제작진, 《황혼의 반란》, 비타북스, 2014.
- Norman M. Bradburn, "The Structure of Psychological Well-Being", Aldine Publishing Co., 1970.
- Laurence G. Calhoun, Richard G. Tedeschi, 《외상 후 성장》, 학지사, 2015.
- 게리 채프먼, 《5가지 사랑의 언어》, 생명의말씀사, 2010.

- 권석만, 《긍정 심리학》, 학지사, 2008.
- 권석만, 《인간의 긍정적 성품》, 학지사, 2011.
- 김주환, 《회복탄력성》, 위즈덤하우스, 2019.
- 김진영·고영건, 《행복의 품격》, 한국경제신문사, 2019.
- 마르쿠스 피스터, 《무지개 물고기》, 시공주니어, 2010.
- 마크 빅터 한센·잭 캔필드, 《로맨틱 소울》, 화니북스, 2004.
- 마틴 셀리그만, 《긍정 심리학》, 물푸레, 2006.
- 바버라 프레드릭슨, 《내 안의 긍정을 춤추게 하라》, 물푸레, 2015.
- 박용철, 《감정은 습관이다》, 추수밭, 2013.
- 브로니 웨어, 《내가 원하는 삶을 살았더라면》, 피플트리, 2013.
- 빅터 프랭클, 《빅터 프랭클의 죽음의 수용소에서》, 청아출판사, 2005.
- 소냐 류보머스키, 《How to be happy 하우 투 비 해피》, 지식노마드, 2007.
- 송정림, 《참 좋은 당신을 만났습니다》, 나무생각, 2017.
- 애덤 그랜트, 《기브 앤 테이크》, 생각연구소, 2013.
- 엘렌 G. 화잇, 《마음의 건강 풍요로운 삶》, KPH BOOKS, 2008.
- 엘렌 랭어, 《마음의 시계》, 사이언스북스, 2011.
- 엘렌 랭어, 《마음챙김》, 더퀘스트, 2015.
- 장영희, 《살아온 기적 살아갈 기적》, 샘터, 2009.
- 정여민, 《마음의 온도는 몇 도일까요?》, 주니어김영사, 2019.
- 제프리 E. 영·자넷 S. 클로스코, 《새로운 나를 여는 열쇠》, 열음사, 2009.
- 조벽, 《인성이 실력이다》, 해냄, 2016.
- 존 맥스웰, 《격려》, 넥서스, 2008.
- 주디스 벡, 《인지치료 : 이론과 실제》, 하나의학사, 1997.
- 최성애·조벽, 《정서적 흙수저와 정서적 금수저》, 해냄, 2018.
- 최인철, 《굿 라이프》, 21세기북스, 2018.
- 켈리 맥고니걸, 《스트레스의 힘》, 21세기북스, 2015.
- 탈 벤-샤하르, 《해피어》, 위즈덤하우스, 2007.
- 톰 래스, 도널드 클리프턴, 《위대한 나의 발견 강점혁명》, 청림출판, 2017.
- 프레드 러스킨, 《용서》, 중앙M&B, 2003.

북큐레이션 • 원하는 곳에서 자신의 가치를 높이고, 가슴 뛰는 삶을 살고 싶은 이들을 위한 책

《행복한 사람은 이렇게 삽니다》와 함께 읽으면 좋은 책, 진정한 행복을 만나고 싶은 당신을 언제나 응원합니다.

오늘 밤은 맘 편히 자고 싶어

이원선 지음 | 14,500원

'이것만 하면 행복해질 텐데'라는
거짓말에서 벗어나는 법!

행복이 마음먹기에 달린 거라고? 그건 헛소리다. 때로는 그 마음먹은 것이 우리의 행복을 방해한다. '내 본능을 절제하고 앞에 보이는 저 목표를 달성하면 당연히 행복할 거야'라는 생각은 이제 내려놓자. 우리의 뇌 자체가 애초에 욕망이 먼저 작용하도록 태어났으며 우리의 이성은 욕망을 돕는 역할일 뿐이기 때문이다. 지금 인생에서 최악의 상황과 아픔, 충격들을 겪고 있는가? 그런 당신을 축복한다. 분명 그것은 행복의 시작점이 될 수 있다. 이 책에는 그런 이야기들이 담겨 있다. 이 책이 당신의 마음속에 숨겨있던 진정한 행복을 찾아줄 것이다. "그렇게 오늘 밤만이라도 당신이 조금은 편안히 잠들기를……."

컬러는 나를 알고 있다

진미선 지음 | 15,500원

"색을 알면 내 마음도, 상대의 마음도 알 수 있다!"
나의 색을 알고 나답게 잘사는 방법

다양한 사람들을 만나 상담과 색채 심리 프로그램을 진행해온 저자는 자신의 색을 알아보고 자신의 컬러대로 살아가는 길을 안내한다. 책에 실린 나의 색을 찾을 수 있는 '마인드 컬러 자가진단표'와 '나의 상태를 알 수 있는 세 가지 컬러', '마인드 컬러 보완색 찾기' 등은 이 길의 충실한 안내 지도가 되어준다. 현재에 만족하지 못해 돌파구를 찾는 사람, 스트레스로 힐링과 휴식이 필요한 사람 등 어려운 시기를 살아가는 많은 이들에게 내가 착각하고 있는 나, 내가 바라는 나, 관계 속의 나를 알고 스스로를 돌아보는 방식을 제시해줄 것이다.

일시정지는 처음이라

정보람 지음 | 13,800원

몸과 마음의 활력을 잃은 이들에게 전하는 셀프 힐링을 위한 지침서!

코로나19로 일상의 흐름이 흐트러진 지 오래다. 하루하루가 불확실성으로 채색된 일상에서 개인들은 저마다 사회적인 거리두기와 경제적인 고충으로 고난의 긴 터널을 지나가고 있다. 우울함과 불안감이 높아지는 지금 삶의 에너지를 회복하고 마음의 안정을 취할 수 있는 방법은 없을까? 이 책은 각자가 타고난 마음의 속도를 찾아 현재의 상황을 있는 그대로 받아들이고 자기 속도대로 재충전하는 방법을 알려준다. 무엇보다 일시정지된 시간을 불안함으로 채우기보다 재충전과 자신을 돌아보는 시간으로 채우는 데 집중한다.

보이지 않는 것을 보는 힘

정광남 지음 | 13,800원

"다른 눈으로 보아야 달라진다. 세상도 그렇다" 새로운 발상으로 새로운 일상을 디자인하라!

이 책은 사소한 일상과 뻔해 보이는 세상에서 번뜩이는 통찰과 아이디어를 끄집어내는 법을 소개한다. 카피라이터로 오랫동안 일해온 저자는 107개의 길고 짧은 글에서 '1퍼센트 다르게 보는 힘'을 보여준다. 평범한 시선과 빛나는 통찰은 어떻게 다를까? 또 매끄러운 낱말과 생각 근육이 쌓인 낱말에는 어떤 차이가 있을까? 광고인 특유의 재기발랄한 발상과 반전의 묘미가 실린 글이 독자들을 웃음의 담장을 넘어 생각의 숲으로 안내한다. 카피라이터의 머릿속을 훔쳐보고, 경험과 사고의 틀을 깨고 싶은 이들에게 일독을 권한다.